林家木久扇・画
映画評論
表紙ギャラリー

昭和44年10月～
昭和45年2月

木久扇のチャンバラ大好き人生

木久扇のチャンバラ大好き人生

目次

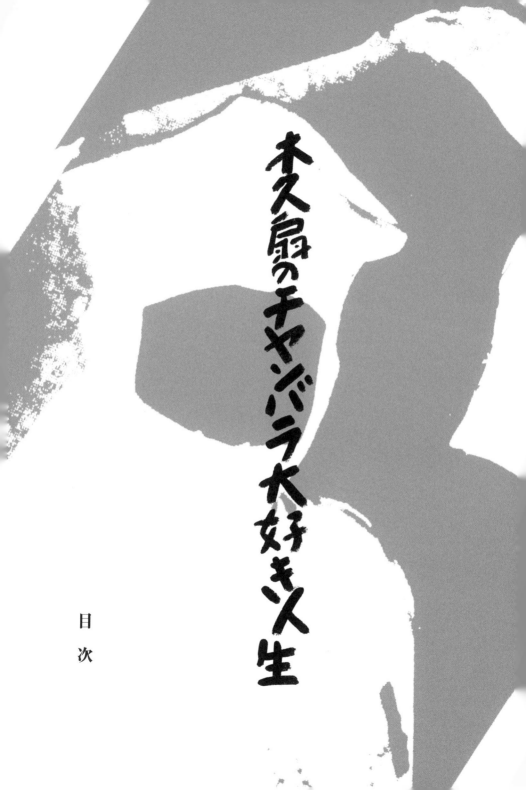

第一章　木久扇のやっぱりチャンバラ大好き

第二章　この道

凡例

○本書の第一章は「刃」（二〇〇五年十二月～二〇〇八年七月、小池書院）、「斬」（二〇一六年八月～二〇一七年七月、株式会社ガイドワークス）、「魂」（二〇一七年十月～二〇二〇年三月、はちどり）に掲載したチャンバラ映画エッセイなどの中から収録し、さらに書き下ろしを加えたものです。イラストレーションも連載作品に書き下ろしを加えました。「洋」名儀のイラストレーションは、林家木久扇がまだ本名・豊田洋時代の作品です。

○口絵は映画評論（昭和四十四年十月号～昭和四十五年二月号）の表紙から収録しました。

○第一章の映画作品は『』で括り公開年と監督名を記しました。テレビ作品や出版物などは「」で括りました。

○第二章は東京新聞連載「この道」（二〇一六年四月一日～六月三十日）を収録しました。連載時の写真の入れ替えや新たにイラストレーションの追加も行ないました。

○一章、二章ともに年号は元号で統一しました。

○各章敬称は略しました。

第一章　やっぱりチャンバラ大好き

嵐寛寿郎

永遠なるアラカン

日本映画時代劇全盛期の、昭和二十六年から昭和三十五年くらいにかけて、チャンバラ（時代劇のこと）の六大剣豪とうたわれていた六人のスターがいた。

『鞍馬天狗』の嵐寛寿郎、『影法師』の阪東妻三郎、『丹下左膳』の大河内傳次郎、『遠山の金さん』の片岡千恵蔵、『旗本退屈男』の市川右太衛門、『銭形平次』は長谷川一夫である。さらに『水戸黄門』の月形龍之介をいれて〝七剣聖〟といわれたスターたちが、代表作をひっさげて国内を沸かし、戦後の時代劇ブームの基礎が出来上がった。

映画の観客動員数がピーク時には、老若男女、生まれた子供まで入れて四人に一人が（全員が月に一回）映画を観ていたというから、テレビ出現前の映画界にとっては甘い蜜の時代だったにちがいない。

七剣聖のあとに中村錦之助（のち萬屋錦之介）、三船敏郎、勝新太郎、市川雷蔵と若手が続くが、とりあえず娯楽の少ない少年時代に、私が夢中になった剣戟スターのことを書きます。

まず代表作『鞍馬天狗』を四十本撮った嵐寛寿郎ことアラカンについて話そう。

その昔、映画界に入る前のアラカンは関西青年歌舞伎に所属していた。座長は先代中村鴈治郎、此処にそうそうたる若手のメンバーが揃っていて、今でいえばジャニーズの「嵐」のよう。映画界に巣

『鞍馬天狗異聞　角兵衛獅子』

立ってゆく市川右太衛門、長谷川一夫、市川百々之助、そしてアラカンと、のちの時代劇スターがめじろおしであでやかな腰元姿で舞台に並べば、客席はポーッとため息の渦、みんな若いので本物の女性よりきれいだったという。

昭和二年、アラカンはマキノプロ（牧野省三経営の映画会社で名監督マキノ雅弘の父）入り。（その年）二十五歳の春、『鞍馬天狗異聞　角兵衛獅子』（曽根純三監督）でデビュー。第一作目がのちに十八番ものとなる『鞍馬天狗』であったことはアラカンにとってもきわめて幸運なことだった。

何故少年時代の私達がアラカンの鞍馬天狗に夢中になったかというと、まずそのスタイルにあった。鞍馬天狗は白馬にまたがり黒覆面であらわれ危機一髪の勤王の志士達や、角兵衛獅子の少年を助ける。そして殺陣になると宿敵新撰組を相手に、ある時はピストルと刀、ある時は二刀流、空手、柔術と遣いわけてスピーディな動きで斬って斬って斬りまくる。

私の覚えでは昭和二十八年、東映版の『逆襲！　鞍馬天狗』（萩原遼監督）では五十人の敵を斬って大乱闘をくりひろげていたが、もうすごいのなんの！　映画がモノクロの時代だったから、覆面の黒と白馬の白が長い顔のアラカンを引立たせ、実にさっそうと少年の脳裏に焼きついた訳だ。

アラカンは晩年まで太らなかったし、運動神経が抜群だったから立回りもキビキビして爽快だった（スター自家用飛行機操縦第一号）。斬り下げた刀が、反射的にハネ返ってキマると、アラカンは必ずピピッと頬をけいれんさせた。アラカンの鞍馬天狗は永遠なのである。

［刃］

『逆襲！　鞍馬天狗』

『続天狗廻状　刃影の巻』

鞍馬天狗
嵐寛寿郎
木久扇

アラカン先生の想い出

昭和四十八年六月のことである。丁度私が二つ目から真打になる前で、京都嵐山のすぐ近くにある、時代劇スター嵐寛寿郎先生のお宅にあいさつに行くため、桂川にかかった人影もまばらな渡月橋をてくてく一人で渡っていた。

水面はキラキラと水の流れに変化しながら反射して、嵐山の山々も緑に映えてくっきりと川面に影を写し、実にいい気分だったのを覚えている。

私の真打昇進の報告と、その披露パーティに出席していただこうと、京名物の土井の志ば漬を手みやげに先生の家をさがした。

私鉄の終点、嵐山駅の近くにたずねる家はあると聞いているので、タクシーのたまり場で道をきくと、

「アラカンの家？　知らんなァ、どこやったやろか？　誰かアラシカンジューローのイエ知っとるか……」

「ふうんと、なんや川沿いの裏のほうとか言うとったなァ」

ガヤガヤと要領を得ない。礼を言って桂川に沿って歩いてみた。

歩いているうちに怒りがこみあげてきた。天下の鞍馬天狗だぞ！

その人が地元に住んでいるということは誇りだろうに、なんで知らないんだ！　アラカンとは何だ！　先生をつけろ先生を……。

怒ると私の足並は速くなり、土手の反対へと小路がカーブして、建売り住宅が並んでいるそっちの

ほうへ入って行った。

そのうちの、あまり大きくもない家の前で、小ぎれいな女の人がタスキがけの着物姿でしゃがみこみ、自転車をみがいていた。玄関の扉は片方開いて、見えた廊下のつきあたりに、紫色のノレンがかかっている。

「あのー、一寸うかがいます。このあたりに、嵐寛寿郎先生のお宅はございませんでしょうか？」

「へえ、ウチだすが……」

女の人がこともなげに私を見上げてポツリと言う。

「は！　こちらだったんですか……」

私は心底驚いてしまった。チャンバラの大スターの住まいにしては、あまりにも小ぢんまりとした構えであった。渡月橋の向こう側に渡れば、やはり剣戟の大スター大河内傳次郎の私邸がのこっていて、それは山ひとつが敷地であり、大河内山荘と名づけられ、いまでは観光バスがとまって観光名所となっているくらいだったから、天下のアラカン先生ともなれば、少なくともあの半分くらいの大きさの家ではないかとひそかに想っていたものだから……。

ぽっちゃりとした顔の、自転車をみがいていた人は、何度目かの結婚になるアラカン新夫人だったのである。

私は初対面の意外な緊張のためか、身体中から汗が吹き出し、この度真打になります、今後ともご指導下さいとくり返し、あいさつ状と志ば漬をやっとのことで手渡した。

「センセも、いま一寸前までいらしたんどす。東映の仕事でな、高倉健さんとご一緒言うてましたが、北海道ロケ行きました。一寸待っておくれやす」

家の奥に入った夫人は、何やら紙袋をぶらさげて戻ってくるそしてそれを私に手渡しながら、

「あ、これ先生から、この度はおめでとういうて……」

私が電話でおたずねする旨を伝えておいたので、鞍馬天狗はギリギリまで私の来訪を待ってくれていたらしいのだ。「杉作！　遅かったなァ」である。

地味な着物を着た、やさしそうな新夫人と別れて、いただいた袋の中をのぞいてみれば、黒豆のふくませ煮の大壜が二つ入っていた。

アラカン先生から黒豆をもらった！

これを大切に家まで持ち帰り、家へ帰ってからさっそく冷蔵庫に入れておいて、食事のときに出しては一寸だけ食べて、またすぐセロテープで封をして大切に冷蔵庫に入れた。ほんのりと淡く甘い、やわらかな黒豆を楽しんではアラカン先生を想った。


日本テレビの「笑点」のレギュラーに私が入り、映画『鞍馬天狗』のパロディで、

「杉作！　天狗のおじさんはねェ……」

という答えが思わずうけて、私はやっと世間に知られるようになった。

〝日本テレビ「笑点」の大喜利のメンバーでは林家木久蔵。先日の「海水パンツがとれてしまった。そこで何か一言」という設問に、「杉作、おじさんはパンツを脱いでも覆面はとらないんだよ」という答えには笑った。ただし落語は一度も聞いたことがない。〟（昭和四十八年「週刊新潮」〝男性自身〟

の内、私の好きな……というタイトルの文中より）

高名な作家の山口瞳さんにほめられたという光栄に、当時の私が狂喜したことはお察しいただけると思う。

そしていまだに、何故キクゾーさんは鞍馬天狗なんですか？　とよく人に聞かれる。くだくだと説明するのはめんどうくさかったから、鞍馬天狗が好きだからですと、いままでは答えてきたが、ここで本当のお話をしよう。

私が「笑点」のレギュラーになったときは、司会が前田武彦、メンバーは三遊亭金馬、三遊亭圓歌、桂歌丸、三遊亭小円遊、三升家勝二（現小勝）、柳家さん吉、柳家小きん（現つば女）の各師といった顔ぶれで、司会者を中心に扇型に分かれて大喜利をやっていた。座布団運びも、三遊亭笑遊（現圓遊）、三笑亭夢丸と二人いて、いまより変則だったように思う。

先輩ばかりの中に入った私は、どうやったらその間に割り込んで目立つことができるだろうか、みんな大きな看板を背負って定着しているのだから、人気的にもキャリアにもハンディのあった私が、どう対処したら良いのだろうか？　それこそ一生懸命、私は自分の活路をまさぐった。

もともと漫画家だった私だから、そういったアイディアを考えるのは、別につらい作業ではない。自分が人気者になるために自分を演出する。こんなワクワクする仕事はないと燃えてきて、そうだ！　伝統的に大衆うけしているものにのっかっていかれないだろうか？　忠臣蔵、清水次郎長、黄金バット、サザエさん、真田十勇士、鉄腕アトム、ターザン、キングコング、ゴジラ、七つの顔の男……。

そして丁度ＮＨＫの時代劇ドラマで高橋英樹主演の「鞍馬天狗」がスタートした。

ＮＨＫのドラマとなれば、これはもう視聴率の最たるものである。よおし、鞍馬天狗だ！　これにのっかろう、ＮＨＫはマジメ天狗、笑点はオモシロ天狗、これでいこう。

映画少年であった私の頭の引出しの中には、昔追いかけたたくさんの古典になる嵐寛寿郎の『鞍馬天狗』があったから渡りに舟である。私はご本家のアラカン先生の口調をとって、大喜利の中でしきりに答えてみたものだ。

「杉作！　天狗のおじさんはねェ……」

前田武彦さんも面白がって、私のこの芽を伸ばしてくれた。何よりも時代劇のセリフが「笑点」の設問にはまった。

そんな感じでうちだした木久蔵版鞍馬天狗だったのだが、これがありがたいことに当たったから、私は木久蔵さんと呼ばれていたのが、子供たちからもキクちゃん、キクちゃんと呼ばれるようになった。まったくわからないものである。

ＮＨＫ版の「鞍馬天狗」は長くは続かず、私のほうは無事に残って、その後どれくらいの人々にそのパロディで笑っていただいたかしれない。もって、アラカン先生を私の恩人とする次第なのである。

ご恩返しに、もう少し嵐寛寿郎についてこだわろう。

嵐寛寿郎、明治三十五年十二月、大阪生まれ。歌舞伎俳優（六代目）嵐徳三郎を叔父にもち、やがて嵐和歌太夫という芸名で舞台に立つ。

昭和二年四月、マキノプロダクション入社、第一回作品『鞍馬天狗異聞　角兵衛獅子』に出演、芸名は嵐長三郎。

以後スター街道を突っ走るわけだが、アラカン作品というものはストーリーが平易である。そして『鞍馬天狗』『むっつり右門』の二大シリーズに加え、嵐寛寿郎は驚くべきたくさんの（むろん右門ものもその中に入るが）捕物映画に出演していて、銭形平次、人形佐七、当り矢金八等の主人公にも扮し、まさに捕物王の感もある。

もう少しくわしく書くと、その立回りは実に目まぐるしく、しかもエネルギッシュである。二刀流は使う、柔道の手はある、空手も使うというあたり、ほかの時代劇スターが晩年は太ってすっかり動きがにぶくなったのに比べ、アラカン先生のみはスリムでキビキビと動いていたのである。

普通右利きの人は、左手を右と同じように使えないものだが、嵐寛寿郎はちがった。荒木又右衛門を四回、堀部安兵衛を二回、清水一角を三回というぐあいに、映画の中で二刀流の剣客を数多くやっているし、鞍馬天狗でも二刀流を使っている作品があったし、さもないときは左手にピストル、右手には刀を持って闘っていた。二刀

『右門捕物帖　幽霊水藝師』沢村国太郎、嵐寛寿郎、志村喬、嵐寿之助

流の遣い手でやらなかった役は宮本武蔵くらいだろう。

私たちの少年時代、時代劇の七剣聖といわれていたのが阪東妻三郎、片岡千恵蔵、市川右太衛門、大河内傳次郎、長谷川一夫、月形龍之介に加えて嵐寛寿郎ということになっていた。しかし殺陣の立回りのうまさでは専門家もアラカン先生が第一といっていたくらいであった。

私がお会いできたアラカン新夫人は四代目の奥様で、そのとき三十歳であったことがあとでわかった。

「笑点」での私の鞍馬天狗のパロディを嵐寛寿郎は愛して下さり、何度か一緒にテレビの仕事でお会いすることができた。

あるとき、私は素朴な質問をしてみた。

「先生は、本当に馬に乗れるんですか」

「歌舞伎の役者でしたから馬に乗ったことはおまへんでした。鞍馬天狗の第一作目は、馬に乗るシーンからですのや。またがってるだけでよろしいと監督が言うので、馬に乗りますと助監督がな、いきなり馬の尻たたきますのや。もう、鐙《あぶみ》に足かかってね、ずうっと引きずられましてね。馬から落ちてね、医者へ行ったら、ケガしたところタワシで洗うんですワ。水道の水かけてな、こう傷口ひろげよる。もう痛いのなんの。そしてその上にヨーチンぬりよる。もうとび上がりましてな、ハイ。軍人あがりの医者でおました」

私にはアラカン先生の想い出はつきない。

［私の下町五十景］

鞍馬天狗
嵐寛寿郎
木久蔵

榎本健一

喜劇王・エノケンの鞍馬天狗

〽今日は東へ　明日は西へ
風の如く現れて
人を斬るのも
アラ　チョイ　チョイと
その名とどろく
鞍馬天狗

榎本健一

エノケンこと、喜劇王・榎本健一が、鞍馬天狗になり大活躍する昭和十四年製作、東宝の喜劇映画主題歌である。

私は戦後の小学四年生の時に、住んでいた西荻窪の西荻館という三番館で、鞍馬天狗のエノケンを観て、スッカリ気に入ってしまった。

余談だが、鞍馬天狗を演じている時代劇スターはたくさんいるのです。無声映画時代の尾上松之助、そしてトーキーになって、嵐長三郎から嵐寛寿郎になったアラカンがダントツで四十本の映画に主演している。そして年代順に、市川百々之助、坂東好太郎、欺波快輔、榎本健一、杉山昌三九、酒井猛、島田正吾、小堀明男、東千代之介、市川雷蔵……となり、テレビでは、NHKで高橋英樹が、そしてフジテレビで中井貴一のお二人も演じている。

さて、『エノケンの鞍馬天狗』(昭和十四年、近藤勝彦監督)は、やはり歌うエノケンだから、作品はミュージカル仕立てで、ジャズが流れ、鞍馬天狗は白装束の覆面姿だし、ギャグも秀逸で、例えば天狗のいる座敷に多勢の新選組隊士が斬り込んでくれば、天狗は敷きつめてあるジュウタンごと引っぱりあげ、全員をいっぺんに倒してしまう。立回りでは歌詞同様に人を斬るのに「アラ、チョイ! チョイ!」と天狗が叫ぶ! というヘンな映画で、私はこのシーンが大好きになった。

その憧れのエノケンと私との心躍る対面がまさかのちにあるとは……思ってもいなかった。

私は昭和三十六年、八代目林家正蔵に入門、落語家・林家木久蔵

『エノケンの鞍馬天狗』

エノケンの
鞍馬天狗
ものがたり
1 時は、幕末 風雲急を告ぐる 京洛の天地
2 あっちでもこっちでも 聞えるは 剣戟のひゞき
3 あっ!! 桂小五郎が あぶない!!
4 その時 白馬にまたがり 飛んで来たのは 鞍馬天狗でありましたよ!!
5 「ちょいなちょい」 鴨緑江節も 朗らかに……
6 味方の行動を逐一 密報する怪文書 あらわる
天狗廻状
7 自分の名前とまぎらわしいインチキなイミテーションが 現れては此を見捨て置かれようか!!
8 インチキ廻状の主を尋ねて 単身新選組屯所へ 乗り込みましたよ
鞍馬天狗 今宵屯所へ単身乗込む
9 その時 屯所へすでに 怪文書 あらわる
10 それ鞍馬天狗が此の中に 居るゾ!! ソレものども
11 天狗が気がついた時は すでに命を ねらう五つの 銃口!!
はたして ケンちゃんの 運命やいかに? あとは映画で
鞍馬天狗
エノケンの

となった。師匠が日比谷にある芸術座の芝居に出ることになり、私はお供して毎日、楽屋通いすることになった。

その芝居は菊田一夫作「がめつい奴、お鹿ばあさん東京へ行く」で、主演が三益愛子。中山千夏、榎本健一、林与一など共演。私の師匠は、源さんという取立て屋の役で出ていた。

頃は六月、初日の前の立稽古の時だったか、カーキ色の上下服にゲートルを巻いた、ザンギリ頭の私の師匠について楽屋を出て、小道具部屋の前の廊下に立っていたところ、私の目の前に、エノケンが役の扮装のまんま立っていた。

私は憧れのエノケンがいる！　と電流にはじかれたようになり、身体が硬直してしまい、その顔に見とれてしまっていた。

と、エノケンはツカツカと足を引きずるように歩いてきて（昭和二十七年に脱疽＝壊死の手術で右足爪先部分を切断していたため）、ヒョイとかがみ込んだ。見るとエノケンは、楽屋用のスリッパから履き替えたばかりの師匠の舞台用革靴の靴ヒモを結んでくださっているのだ。

しまった！　これは弟子の私のシゴトである。再び電流がビビビッと私の体内に流れた。

「あっ！　先生、わ、私がやります、やります」

「へへッ、いいんですよ、あたしゃ慣れてますから、へッ」

エノケンは右手を煽ぐようにして、どうしていいのか判らない私を制し、映画の中と同じように人なつっこい顔で笑った。

楽屋へ戻ってから師匠はまっ赤になって私を叱った。

「バカヤロオー、天下の榎本先生に靴を履かせる奴があるか！」

その後、私はもう一度、エノケン先生に会っている。しかも、国鉄（現ＪＲ）市ケ谷駅から、仕事先の船橋ヘルスセンターまで、喜劇王の自家用車に乗せていただいたのである。今想い出しても恐れ入ってしまうことだったが、私は敬老の日に「エノケン大いに唄う！」の舞台の司会役を仰せつかったのだった。エノケン先生と私とは、娘さんの智恵子嬢を挟んで後部座席に、運転手の脇がよしゑ夫人であった。私は恐縮しきっていた。

先生は機嫌よく、車中でいろいろな話をしてくださった。

ある時、歌舞伎の大名題《おおなだい》の代役をどうしてもと頼まれて、分厚い台本を覚えて、あくる日、板（舞台）にかけたら、誰も代演に気づかなかったこと。

他の日、乗っている車をフルスピードにしろ！　と運転の者にいうクセがあり、走っている車の左ドアから出て、車の上を伝って右のドアから入ってきて、「バァ！」と言ってゲストの乗客を驚かせたものだ、とエノケン先生は船橋へ着くまで、少年のようにしゃべって、私をびっくりさせ、喜ばせてくださった。

「このスターはヨーロッパに生まれていれば、世界の喜劇王」と、昔来日したチャールズ・チャップリンも推奨の、エノケン万歳！

［魂］

月形龍之介

リアルな剣技・月形龍之介

自分でもマセた子供だったと思う。小学校五年生の頃、チャンバラ映画にあこがれ、好きが高じて時代劇俳優・月形龍之介の弟子になりたいと手紙を出したことを覚えている。そのきっかけは、まだ新宿と荻窪間に都電が走っていた頃、杉並車庫前の停留所のそばに杉並映画という上映館があり、そこで観た『鞍馬天狗　龍攘虎搏の巻』（昭和十三年、松田定次監督）の山岳党の怪老人・月形の迫力十分な芝居に子供ながら感じ入ったことで、杉並映画は戦前の日活時代劇をよく再映していて楽しかった。この映画のことをよく覚えているのは、龍攘虎搏の字が子供には読めずに、「なんてムズカシイタイトルの映画だろう」と私なりに悩んだことで、あとで「リュウジョウコバク」と読むのよと教えられ、なおさら意味がわからなかった。

とにかくファンレターではなく、弟子になりたいとまで私の小さな心を動かした月形龍之介は、すごい時代劇スターであった。

弟子入り志願の私の手紙への返事は、御本人からは来なかったが、それ以来私は月形龍之介の名前がポスターに載っていれば迷わず映画を観に行く少年になった。昭和十八年、東宝・黒澤明のデビュー作『姿三四郎』で藤田進の三四郎に対立する月形演じる柔術家・檜垣源之助の残忍酷薄なムードの凄

『鞍馬天狗　龍攘虎搏の巻』嵐寛寿郎と

まじさ。戦後、昭和二十四年の東宝『ジャコ萬と鉄』（谷口千吉監督）で三船敏郎を向こうに回しての斧を使った大立回り。不思議と現代劇の大敵としても印象の強い月形龍之介。

私の友人で時代劇映画にかけては一流の識者である高橋かおる氏は月形龍之介を次のように形容する。

「重厚でリアルな殺陣」「瘦躯《そうく》で眼光鋭く、古武士の風格を持つ」「いぶし銀の美丈夫《びじょうぶ》」「黙って佇むだけで美しい」「内面から滲み出る心の演技」等々……。（チャンバリスト通信・NO．4／チャンバリストクラブ・平成十四年六月発行）

阪妻の時代劇映画スタートの時と同じように、大正九年日活関西撮影所の俳優養成所・一期生だった若き日の月形の役者生活は御用！　御用！　の銀棒《ぎんぼう》（十手）をかまえた捕り方から始まる。チャンバラ映画元祖の尾上松之助が全盛の頃で、牧野省三が全ての采配をふるっていた。やがてマキノが独立して撮影所を作ると、その傘下に身を投じ、月形龍之介を芸名として、マキノ映画の初期には共に苦労する。第一回主演作は『刃光』（大正十三年、沼田紅緑監督）の大酒のみの安田作兵衛の役。

戦後のマッカーサーのチャンバラパージ（チャンバラシーンは好戦的として禁止された）がとけて時代劇復興となり、昭和二十六年『鞍馬天狗　角兵衛獅子』（大曾根辰夫監督）が今でも私の心に焼き付いている。映画のラスト近く、颯爽・嵐寛寿郎の天狗に対し、重厚・月形の近藤勇の東寺での一騎打ち。これは迫真の名場面だった。台詞は一言もなく苦み走った月形は剣道の胴をつけて袴を上げ上段にかまえて一歩一歩じりじりと進む。天狗は中段のかまえで必死の表情、顔面がピリリとひきつる。一瞬両者の剣が斬り込み、また離れ、再び剣が交わってチャリン！　瞬間、近藤勇の刀が折れて、五重塔の上へ高く跳ね上がる……。
杉作少年に美空ひばり、黒姫の吉兵衛が川田晴久、ほかに山田五十鈴、原健策も出ていたがチャンバラと歌が盛り沢山の素晴らしい作品だった。

若い頃の月形龍之介が姓名学に凝り改名して月形陽侯を名乗っていたことがある。仲が良かった脚本家の八尋不二がシナリオを持ち込んだ折り雑談で「〝陽侯というのは、中国では男性のアレ（性器）を意味するんだ〞と教えると、月形は何とも妙な顔をした」と八尋不二の著書（「百八人の侍　時代劇と四十五年」朝日新聞社刊、昭和四十年）にある。宿酔《しゅくすい》だと言って大きなすし屋の湯呑みで水を飲みながら、月形が「男のアレが芸名とは」と目を白黒させて、面白いシーンだったろう。
眼光するどく大きく振りかぶってズン！　と相手を斬る月形龍之介の剣よ永遠なれ。

［刃］

『鞍馬天狗　角兵衛獅子』嵐寛寿郎と

夢中になった月形龍之介

私は小学五年生の時に映画館のアイスキャンデー売りをやっていた。戦災にあって生家は焼け、日本橋から中央線の西荻窪へ一家が移り、急に貧乏になった我が家を、子どもながら助けるという健気な部分もあったが、何よりも小さい頃から映画が好きで、タダで映画が観られるという思いつきが素晴らしくて、夏休みには、親戚の和菓子屋からアイスキャンデーを卸してもらい、アイスボックスを肩からつるして大活躍したのだ。

映画館は、まだ冷暖房がなかったから夏のアイスはよく売れた。

西荻館という三番館の二本立て、各社の映画が顔パスで観られるのだ。客の入れ替え時にアイスキャンデーを売ったから、同じ映画のラストシーンを何回も観る。登場人物のセリフや動き迄すっかり覚えてしまい、モノマネでクラスの人気者だった。エノケン、ロッパ、金語楼、エンタツ、アチャコの喜劇モノ、阪妻、嵐寛、千恵蔵、右太衛門のチャンバラ映画。格好よくて、ハラハラさせられて……。

小学校四年生なのに、やはり普通の少年とは違っていたと思う。

地味で、渋くて、しっかりした芝居で、剣技もリアルな、当時は敵役専門の、月形龍之介に注目したのだ。しかも、夢中になり、「刃」で述べたようにファンレターではなく、弟子入りしたいと手紙迄書いて京都へ送った。何の返事も届かなかったが、まだ子供だ……弟子等とんでもない……というあたりだったのだろう。

嵐寛の『鞍馬天狗』では何作も、例えば近藤勇役など多数共演があるし、『姿三四郎』の檜垣源之助、

『ジャコ萬と鉄』のジャコ萬、そして片岡千恵蔵の『遠山の金さん』シリーズ、市川右太衛門の『旗本退屈男』シリーズ、中村錦之助の『一心太助』シリーズ、月形主演の『水戸黄門』シリーズ、ああ、どれ程月形龍之介を私は観ただろう！

自慢じゃないが、今でも私の新作落語「昭和芸能史」の中で、私の月形龍之介の声色は絶品！と新聞で褒められたりするが、平成になっても月形龍之介を寄席でやれるのは、日本で私、只ひとりなのです。

「竹光でも、真刀を持っているような重量感を出すのが特徴で。現在くさり鎌を完全に使いこなせるのは月形さんだけでしょう……」と東映殺陣師・足立伶二郎氏評（昭和三十三年八月・時代劇ファン紙）

「剣道にすれば、実力三段以上といわれています。映画の立回りを見ていても実に力が溢れていて火花が散るような激しさを感じます」とも、褒められているのだ。

同紙に時代劇スター殺陣採点表が

『ジャコ萬と鉄』三船敏郎と

載っている。昭和三十三年代の事、一位・嵐寛寿郎99点。二位・月形龍之介98点。三位・市川右太衛門97点。四位・近衛十四郎94点。五位・片岡千恵蔵93点。等とランク付けされているのが面白く、以下、大河内傳次郎、長谷川一夫、黒川弥太郎、大友柳太朗と続いていて、日本映画時代劇・黄金時代がしのばれる。

月形龍之介の作品といえば、東映時代の中村錦之助と組んだ『一心太助』シリーズの大久保彦左衛門役、『水戸黄門』シリーズの御老公。『忠臣蔵』も吉良上野介と浮かぶが、実はとても革新的な俳優で、常に新しいものに挑戦！「シラノ・ド・ベルジュラック」も演ったし、前に述べた黒澤明の『姿三四郎』では藤田進の三四郎に対して月形の檜垣源之助、谷口千吉監督の『ジャコ萬と鉄』では三船敏郎の鉄に対して月形のジャコ萬、森繁久彌『雨情』〈昭和三十二年、久松静児監督、月形の役は桃中軒雲右衛門。同じ役の成瀬巳喜男監督作品『桃中軒雲右衛門』〈昭和十一年〉では主役〉など時代劇ではない話題作にもかなり出演。

月形龍之介は、寡黙で、あまり同業者を褒めない人だったが、中村錦之助のことは「うまい、うまい、大したものだ！」と、一心太助役を作品スタッフに絶賛。『赤穂浪士』（天の巻、地の巻、昭和三十一年、松田定次監督）では浅野内匠頭の東千代之介を「今回の千代ちゃん、良かった」と認め、高倉健と北海道ロケに行った時、朝起きたら、降り積もった雪を一人で黙々と、人が通れるようにと雪かきをしている高倉健の姿を見て「あの男はいいよな、爽やかで……」と、しみじみ感心していたそう。

中村錦之助は自著「わが人生悔いなくおごりなく」（東京新聞出版局、平成七年）の中で、「千恵蔵、右太衛門先生の〝御大〟に対して、月形先生は〝月形のおっさん〟と呼ばれていました。大先輩に向かって〝おっさん〟とは失礼のようですが、それだけみんなに親近感があったのでしょうね」と述べている。なお、錦之助、月形龍之介は共に丹下左膳を演じている。

［魂］

『丹下左膳』

中村錦之助
白狐二刀流
丹下左膳
月形龍之介
木久扇

大河内傳次郎

怪剣士・大河内傳次郎

私の手元にブラジル在住の時代劇映画ファンの男性から贈られた「伏見直江さんを囲んで」（司会・南俊夫、紹介・岩根友二）という、ブラジル内の邦人向けラジオCDの珍しい音源がある。

伏見直江は大河内傳次郎の『丹下左膳』（『新版大岡政談』三部作〈昭和三年、伊藤大輔監督〉）で、侠艶というかすさまじい原色の情婦として櫛巻お藤を演じ、戦後の藤純子仁侠路線以上の色っぽさ、男気、切れ味で満都をゆるがした猛女優なのである。

昭和七年、帝劇のアトラクションの帰りに大河内傳次郎と蒲郡のホテルでヨロメイたと、自分の事を「あっし」と呼ぶ姐御女優・伏見直江は言う。

「ゴシップでねえ、二人の仲が騒がれるようになって、監督の伊藤大輔さんにね、大河内ならいいから一緒んなれって……あっしは別にあの人好きじゃあなかったんですがね、周りが言うから、じゃあってそのつもりでいたら、大河内がよそで結婚してきちゃった。それであっしにね、言うんです。〝自分にはどうしても直江が必要なんだ、だからいてくれ〟って。冗談じゃァない、あっしゃね、二号になる為に生まれて来たんじゃァない！　って、タンカ切って別れましたよ」

大河内傳次郎とコンビで『忠次旅日記』三部作を昭和二年に撮り、翌年『丹下左膳』を手掛けた名

『忠次旅日記』

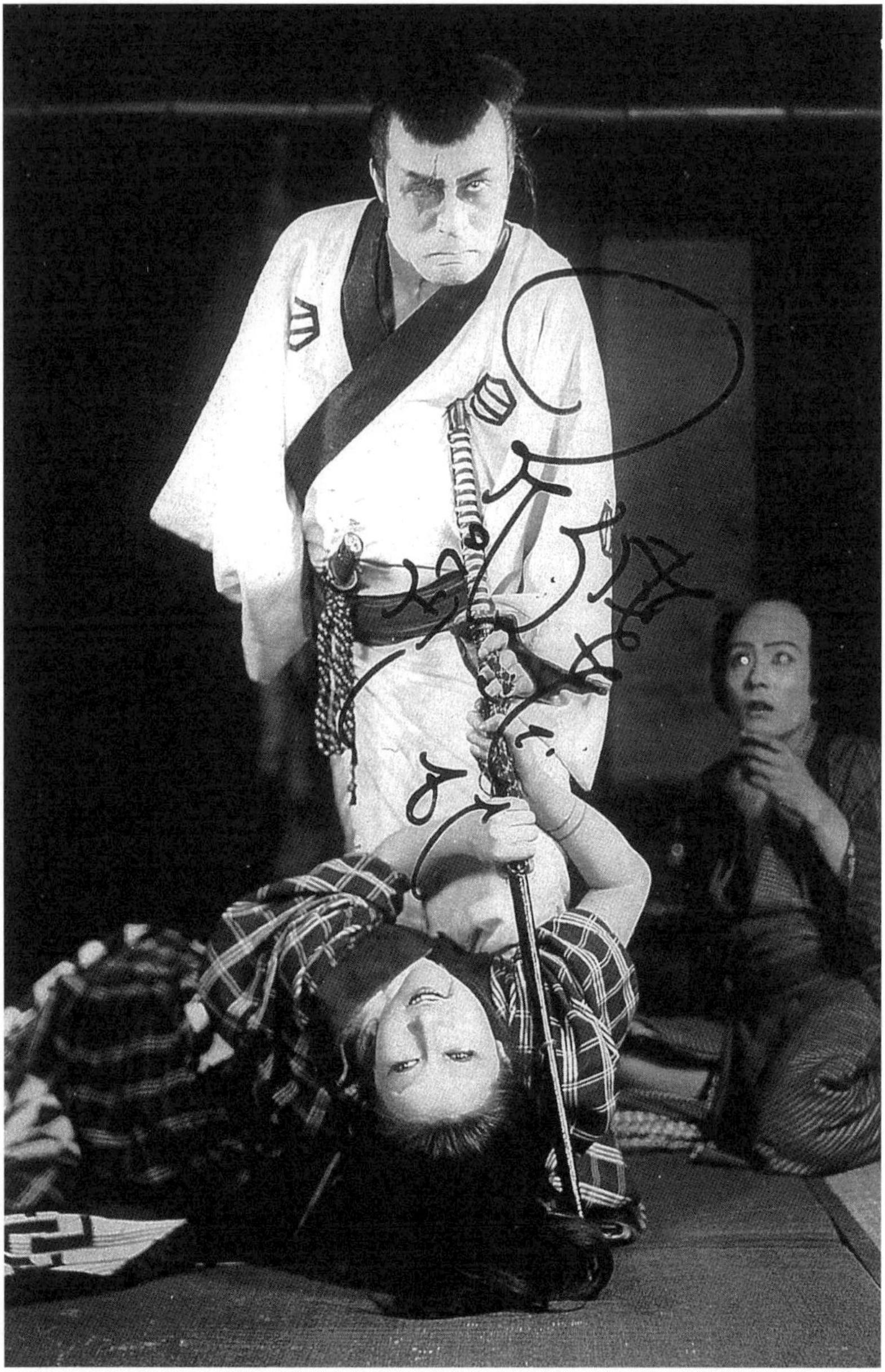

『新版大岡政談』伏見直江、大河内傳次郎、石井寛治

『新版大岡政談』伏見直江と

監督・伊藤大輔と伏見直江は大正十三年、新劇の小山内薫主宰〝築地小劇場〟の二期の同窓生。それで櫛巻お藤の演出は冴えたのだろうか。それにしても、好きな女に内緒で結婚してきちゃう大河内もただ者ではない。この二人の名コンビ『新版大岡政談』の驚くべき立回りシーンは映画史に残る。

カメラマン・唐沢弘光の撮影方法もスゴイ。小型撮影機のアイモを竹竿の先にくくりつけ、疾駆する左膳を追いながら左右にブン回し、宝刀を投げる左膳、タッチして走るお藤。ラグビーボールのように二本の宝刀（乾雲、坤竜）の争奪戦を捕り手から捕り手へ、また奪い返す左膳。スピード感とそのリアルさは、戦後東映やくざ映画『仁義なき戦い』（昭和四十八年、深作欣二監督）の画面をしのいで、とっくの昔にパワーを発揮していたのだ。

大河内傳次郎は小柄でひどい近眼、左膳は左手しか使えないのだから斬るのにとにかく、キビキビ動くしかない。右腕をふところに入れ、左手に太刀を握った姿勢で、捕手の目潰しを避けるために両足で跳ね、うつぶせに地面に伏せる。顔面が地をこすり胸と顔をしたたかに打ち、いやはや丹下左膳は大変だ。

大河内傳次郎の殺陣は、画面で自分を大きく見せるための工夫がある。刀を大きく振ったあと、体をうんと低く構える。その振幅の度合いが大きいから、身体が大きく見える。また身長も高く見せるため、いつも片足のかかとを上げていた。とにかく敵に向って、よく刀をつかみ飛び跳ねていた。そして走る走る。白目を向いて捕り手にぶつかる！

大河内傳次郎の『丹下左膳』役についてのこだわりはすごい。戦後の昭和二十七年に松竹で阪東妻三郎の『丹下左膳』（松田定次監督）が製作決定になった。大河内はこれを知り、「左膳は私の持ち役だから演らないでもらいたい」と、阪妻に手紙を出した。

「この手紙を受け取った阪妻が、どのような感情を持ったか知らないが……。阪妻の左膳は、今までの大河内ものには見られなかった女（櫛巻お藤・淡島千景）に対する感情が巧みに描き出されていた。偶像的な左膳より一歩突き進んで人間的な血の通った左膳……（略）そして自分の持ち役と自負する大河内が、二十七年間その原作を読んでいなかった、という事実を知った時、私は唖然とした」（マキノ雅弘「映画ファン」昭和三十一年一月号）

本当に大河内は原作を読んでいなかったのだろうか？ でも、マキノ雅弘が嘘をつく訳はないし？なお丹下左膳役は、大河内傳次郎は三代目、阪東妻三郎は五代目となる（初代から順に、団徳磨、嵐寛寿郎、大河内傳次郎、月形龍之介、阪東妻三郎、水島道太郎、大友柳太朗、丹波哲郎、中村錦之助。大友柳太朗版には大河内傳次郎が蒲生泰軒役で出演）。

大河内傳次郎が昭和六年から小倉山の斜面に造り始めた「大河内山荘」は大きな岩を運び込み、撮影の合間に戻っては作業衣に着替えて自ら庭園を造成。本殿の建設を見守って、没後二年の昭和三十六年完成した。日活、大映と移り、東映ではワキ役にまわり、その全出演料を投入したもの。

今や観光客で賑わう山荘を天国の大河内は何とみているだろう……。

［刈］

『新版大岡政談』

大河内の丹下左膳
昭和三年新版大岡政談
木久蔵

阪東妻三郎

剣戟王・阪東妻三郎

剣戟王と讃えられた、時代劇スター・阪東妻三郎は「バンツマ」と呼ばれ、時代を超えて多くの日本人に愛された国民的スター。息子さんが四人いるが、そのうち三人が俳優になり大いに活躍される。長男が故・田村高廣、次男・田村正和、三男・田村亮。兄弟三人がそれぞれ名をなすとは、すごい家系である。

では、阪妻はどのくらい人気があったのだろうか。ちょっと昔の記録だが昭和六十四年発刊の文春文庫ビジュアル版の「大アンケートによる日本映画ベスト150」の中に個人編・男優ベストテンがあるから引き写してみる。

一位・阪妻、二位・高倉健、三位・笠智衆、四位・三船敏郎、五位・三國連太郎……。アンケート開催時（昭和六十三年末）。二位から五位までが現役のスターだが、一位の阪妻はすでに没後三十五年も経っているのになお第一位なのだ。こんな大スターっていますかね？

私は阪妻大好き少年だったから、彼の苦渋に満ちた役者への道と、いわれなき差別にうち勝って王道を開くまでの道程に、とても興味がある。阪妻の自伝によれば、彼は明治三十四年、東京神田橋本町木綿問屋の次男として生まれている。家はとても裕福で母や姉が常磐津《ときわづ》や長唄の稽古ごとに堪能

『雄呂血』

だったことから影響され、なんと阪妻が役者になりたいと志したのはまだ小学生のころ。ところが成長していく阪妻の人生に第一の荒波が押し寄せる。まず母がこの世を去り、父は商売に失敗して破産、全くの逆境となる。さあ無類に芝居が好きだった若者は、役者になるのが立身出世の早道と判断し、寄らば大樹の蔭と明舟町にあった十五代・市村羽左衛門の門を叩くが、門前払いであった。十六歳のむこうみずで、学校の成績表を羽左衛門に見せ、このとおり成績優秀でございます！ と示したが無駄だった。今東光著の『阪妻一代』（昭和五十年、「週刊新潮」連載）によると、彼には四分の一ロシア人の血が流れているのであの彫りの深い容貌と足の長い長身をさずかったとあるが、このことが若いころの彼にとっては負い目であったらしい。

〝美貌で鳴らした羽左衛門にも混血児という噂があった。だから最初に門を叩いたのが、同様の宿命下にあるといわれた羽左衛門だったのは阪妻の考え抜いた選択を思わせる〟（高橋治「純情無頼小説阪東妻三郎」文藝春秋刊、平成十四年）とも書かれているが、阪妻青年は落ち込んでスゴスゴと帰り道、今度は近くに住む片岡仁左衛門宅に思い切って飛び込むという変幻自在のワザを使って、運良く番頭の伊東という人が仁左衛門に取り次いでくれ入門を許される。どうも阪妻は行動しながら考えていく人らしい。

さて、内弟子生活が始まる。お茶くみから草履《ぞうり》とり、朝から晩まで追い回され、しつけの厳しいことはハンパでなく、舞台にはなかなか出してくれない。雑用の合間に黒子の衣装を着て舞台の名優たちの芝居をソデで盗みながら、ノート片手にいろんな役のセリフや動きを書き込むという修業が続いた。

やっと初舞台になり、やれうれしや！ と思うのも束の間、大阪中座《なかざ》の「紙子仕立両面鑑《かみこじたてりょうめんかがみ》」序幕の仕出し役で、セリフなんかひとつもない。そのデビューで受けた苦渋と恥ずかしさは青年・阪妻の後々まで尾を引いた。阪妻がこのことを芸談として述べているから確かだ。

さて因襲と家柄が厳しく、前途に望みがないと歌舞伎を判断した青年は沢村紀千助と名を改めて十日替わりの小芝居へ。しかしこれも金にならず、同志の中村吉松や片岡松花を募って「東京大歌舞伎阪東妻三郎一座」の看板で東京近郊を村芝居で巡回して、武田勝頼などを演じた。阪妻の景気も上々、今度は上州へと足をのばし、初めは大入りで喜んでいたが、二十二歳になっていた阪妻に過酷な運命がしのび寄ってくる。

大入りで大受け。悦《えつ》に入《い》って喜んでいた阪東妻三郎一座だったが、仕打ちの失敗（芝居のミス）が多く、遂に解散。単衣物《ひとえもの》一枚の上に外套を羽織りボロボロのていで生家に戻ったのは大正十一年の春。帰京すれば愛する妹は死んだあと、兄は重病で寝込んでいる。孤立無援の状態であった。

阪妻が牧野省三に見出されて売り出すチャンスをつかんだのが大正十二年八月。その半年前の二月、「これで成功しなければ二度と東京の土は踏まぬ」と大決心の阪妻はスカウトされて京都へ向かい、最初は月給六十円の契約。気張って二等車に納まって希望に燃えての出発だった。ここまでが阪妻無名時代の話。

〽東山三十六峰静かに眠る丑三《うしみ》つ時《どき》
その静寂を破り
突如聞こえる剣戟《けんげき》の響き

……と、サイレント映画（無声映画）時代の活動弁士の名調子が生まれたのは、マキノから独立して阪妻プロを興し「剣戟王」と呼ばれるようになった大正十五年以降のこと。『雄呂血』（大正十四年、二川文太郎監督）をはじめ、これをしのぐ凄まじい剣戟映画『魔保露詩《まぼろし》』（大正十四年、志波西果監督）さらに『尊王』（昭和二年、池田富保監督）と大当たりした。東山……の名調子は『尊王』のファーストシーンの文句で、とにかく阪妻映画は作れば皆、大ヒット。彼の月給が二千円で、歩合も入るから八千円にもなる。一本五千円で映画が製作出来た時代に、阪妻がいかに稼いだ大スターだったかがわかる。

マキノに入社したばかりの、まだ仕出し（端役）の頃の彼を知っている月形龍之介（当時の芸名中村東鬼蔵）が語る。

「御用！　御用！　の銀棒（十手《じって》）時代に、彼はどうしたものか、いつも松の木の陰にかくれたり、人の陰に大きな身体をこごめたりしていた。私は先輩だし、あいつは映画を知らないんだなと思って、カメラの前に出してやろうと〝こっちへ来い〟と呼ぶのだが、〝いや、これでいいんだ〟と、どうしても出てこなかった。後で判ったことだが、将来大スターになった時のために、そんな仕出し役の自分の姿が写っている写真を残したくなかったということだった」（佐藤重臣「阪妻の世界」池田書店刊、昭和五十一年）

やはり大物は志がちがう。では旧時代劇ともいえる、尾上松之助の殺陣を粉砕した阪妻の新しい立回りは、どこから来たか。『雄呂血』の二川文太郎監督によれば、マキノが「剣戟日本一」と言われた新国劇の沢田正二郎を招いて『国定忠治』（大正十四年、マキノ青司〈＝省三〉監督）や『月形半平太』（大正十四年、衣笠貞之助監督）を撮ったとき、同じくマキノにいた阪妻がそれを目の当たりに見て、そのリアルな剣戟の凄まじさに衝撃を受け、それから死に物狂いで弟子達と剣戟修行をドタンバタンと深夜までやり、八畳二間の根太《ねだ》を抜いてしまったというエピソードも残っている。

阪妻の殺陣の原点、それは古典にもなってしまっている大正十四年作『雄呂血』にあるのだ。『雄呂血』のラストの捕物シーンの大乱闘は三十分ちかくもある。ぬれ衣を着せられた浪人の阪妻に、捕り手の縄が四方八方からからむ。髪振り乱しそれを斬り払う。捕り手は大八車を先頭に棒を投げる。戸板で押さえ込もうとする。ハシゴ、トビクチ、サスマタが投げつけられ、それを阪妻は刀でよける。

「当時の立回りでは、一人斬るごとに見得をきった。実戦で敵を斬ったならば、すぐ次の敵に襲いかからなければウソなのだが、それを阪東妻三郎にやらせると、見得が実にうまい。敵を斬ったあとも目をギラギラと光らせる。次の襲撃へと移る、その素早さ。こんな素晴らしい剣戟俳優がほかにいるものかと思った。阪妻のあの猫背も、力を入れる身構えから自然になったものだ」

と二川文太郎監督は語る。（足立巻一「大衆芸術の伏流」理論社刊、昭和四十二年）

阪妻の殺陣の工夫は『雄呂血』のように、主人公が守勢にまわるとなると自分は膝を折って、かかってくる捕り手を大きく見せて引き立てる。「立回りは、いくら激しくても慣れてくると面白いもので、カメラの位置はチャンとわかっていて、立回りで激しく動いていても、見せ場はきちんとカメラの正面に入ります。往来にクギ一本落ちていてもカンでわかり、ケガしたことはありません」と阪妻は述べている。

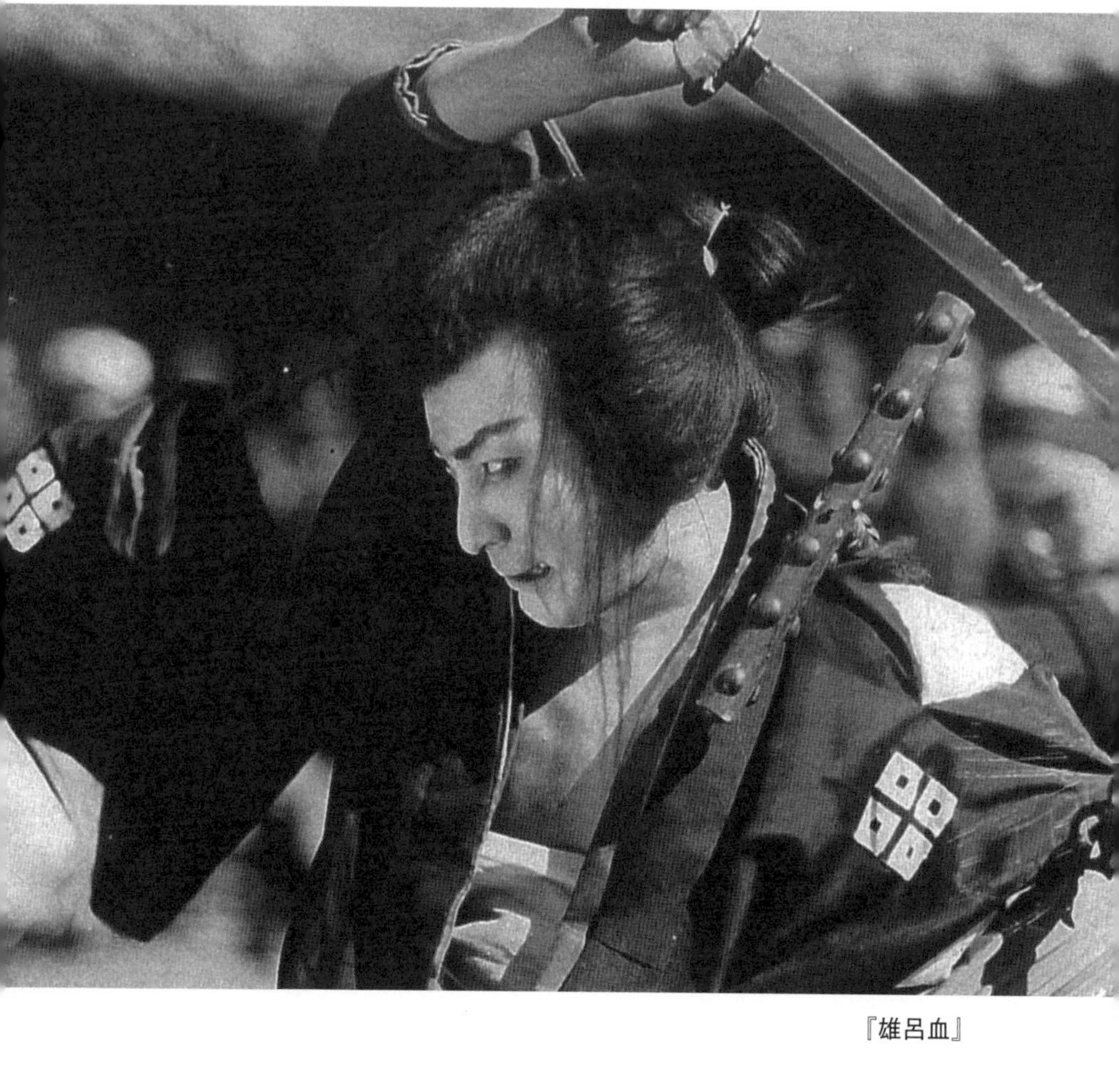

『雄呂血』

御用
御用
御用
木久蔵画

阪妻の心に秘めたライバルは林長二郎（のちの長谷川一夫）だった。その著書で林長二郎は語る。
「ところで阪妻さんにしても、大河内さんにしても、チャンバラは大変リアルで殺伐たるものでした。これは丁度、今はやりの『木枯らし紋次郎』や『座頭市』のような、どちらかといえばリアルすぎて、ちょっとうすぎたないような感じを受けたのです。～中略～しかし、私としては、どうもああいうアクション的な演技は不向きで、とてもマネができませんでした」（長谷川一夫「舞台・銀幕六十年」日本経済新聞社刊、昭和四十八年）

そこで、林長二郎は歌舞伎風の立回りを考える。敵を袈裟《けさ》がけに斬った場合、普通はその斬り終わったポーズのまま見得を切るが、林長二郎は斬ったらサッと身を退いて直立不動のポーズになってから目をむいた。デビュー作の『稚児の剣法』（昭和二年、犬塚稔監督）でこれを用いると、阪妻の乱闘型とは違い、見た目がキレイで真新しいと、女性ファンに熱狂的に支持され、作品は大当たりした。

今までホームグラウンドにしていた松竹で、林長二郎の『稚児の剣法』が大当たりというのは、阪妻にとって、とても気になること。そこで阪妻はある日、京都の映画館へメガネと大きなマスクのお忍び姿で出かけて行き、その作品を観た。

帰り道、阪妻は若いモガ（モダンガール）にぶつかって気づかれ、サインをもとめられる。「急ぎますので」と失礼を詫び、すり抜けようとする彼の後ろ姿にモガの声がとぶ。「好かん。林長二郎に追い抜かれはったらいいのや」……ハヤシチョウジロウ！　『稚児の剣法』から受けた阪妻の衝撃とは、まず演じた主役が美しく、自分をしのぐ美男だったこと。上方《かみがた》の歌舞伎で女形だっただけに挙手動作も美しいこと。それらを生かした林長二郎の甘さは、こっそりと女の乳房のあたりに忍び込むタイプで、阪妻にはない時代劇の型として、同じ土俵で相撲をとる相手ではないと強烈に意識した。

時代劇の潮流が大きく変わった。阪妻は、林長二郎と天下を二分して、しのぎを削るようになるだろうと予感した。

昭和三年になると、弱体だった松竹時代劇も態勢が整い、阪妻プロの作品の位置づけは「松竹時代劇の救世主」から松竹作品群の一部として組み込まれてしまう。昭和四年には、阪妻、林長二郎、月形龍之介、市川右太衛門、阪東寿之助と時代劇スターが揃い、松竹時代劇は最強のものとなる。


阪妻は家庭ではどんな父親だったのか。四人兄弟の長男で、阪妻亡き後俳優の道を歩んだ田村高廣と阪妻との間には、父の名作『破れ太鼓』(昭和二十四年、木下惠介監督)をほうふつとさせる話がある。昭和十六年、長男・高廣が、京都の名門・府立三中に合格した。京都一の名門校である。父親である阪妻は試験の結果が心配で居ても立ってもいられなかった。その頃の担任の小学校教師が「合格です」と知らせに訪れると、阪妻は階段から転げるように降りてきて、いきなり玄関の板の間に土下座して突っ伏し「ありがとうございました!」と絶句した。まるで時代劇である。

また、このときの高廣の成績が一番だったので、入学式では新入生総代として誓いの言葉を述べることになった。阪妻は、毎朝早々と高廣を叩き起こし、隣の広隆寺の境内に連れて行き「ヨーイ、ハジメ!」の号令をかけて、誓いの言葉を大声で練習させた。寺の庭の真ん中に高廣、塀寄りの隅に阪妻。高廣の声が小さくなると「おーい、聞こえないぞう!」と怒鳴る。そして入学式当日には府立三中の校庭の隅っこで、垣根越しに息子の声に耳を傾けて、一人うなづいていた。など、おやじ像が伺

えるエピソードが伝えられている。

阪妻の名作といえば、『無法松の一生』（昭和十八年、稲垣浩監督）『王将』（昭和二十三年、伊藤大輔監督）『破れ太鼓』などで、いずれも時代劇ではない。剣戟王と呼ばれた阪妻が、二十三歳の若さで『雄呂血』でブレイクし、次々と時代劇の古いカラを破り作品を撮り続け、その死の前年、昭和二十七年には三度目の『魔像』（昭和十一年版、昭和十三年版）さらに『丹下左膳』（松田定次監督）に挑戦し、昭和二十八年、遺作となった『あばれ獅子』（昭和二十八年、大曾根辰夫監督）に至る迄の中、演技に開眼してそれが評価されたのがすべて現代物だったとは……。しかし阪妻はまぎれもなくスクリーンを通じて日本の父性として輝き続けた時代劇の大スターであった。

［刃］

『無法松の一生』沢村アキヲ（長門裕之）と

『大岡政談　魔像』

阪東妻三郎
木久蔵

片岡千恵蔵

巨星・片岡千恵蔵

片岡千恵蔵は、時代劇のどういう巨星だったか？　新潟から発信された〝血矢夢馬羅《チャンバラ》新聞〟昭和六十一年七月版、片岡千恵蔵特集に、太字の見出しで次のように刷られていてとても判りやすい。

「イナセ股旅（ヤクザ物）、人間剣豪！（武蔵）、彫物奉行（金さん）に、虚無《こむ》剣士‼（机龍之助）、片岡千恵蔵。小見出しが〝江戸弁で群を抜く、颯爽天下一品の名啖呵！　片岡千恵蔵の面目躍如、健康的俳優人格！　明るさと陰影がミックス。美しい千恵蔵カラー〟」

なにしろ健康的俳優人格ときては、もう他の役者さんはアジャパーなのである。

千恵蔵は明治三十七年群馬県藪塚生れ、五歳で祖母と上京、芝麻布箪笥町の父の家で育つ。だからべらんめぇはお手のもの、芝居で折り目正しい武家の話体の本江戸をしゃべらせたら阪東妻三郎を凌いだという。

本名植木正義の千恵蔵少年は幼い頃から芝居好き、父にせがみ十一代片岡仁左衛門主宰の片岡少年劇（片岡少年俳優養成所）からデビュー、芸名は十八番目の弟子だから片岡十八郎《とっぱちろう》。十九歳に芸名片岡千栄蔵で歌舞伎の名題試験に合格。

昭和二年、作家直木三十五の推薦により牧野省三のマキノプロダクション入社。第一回作品は吉川

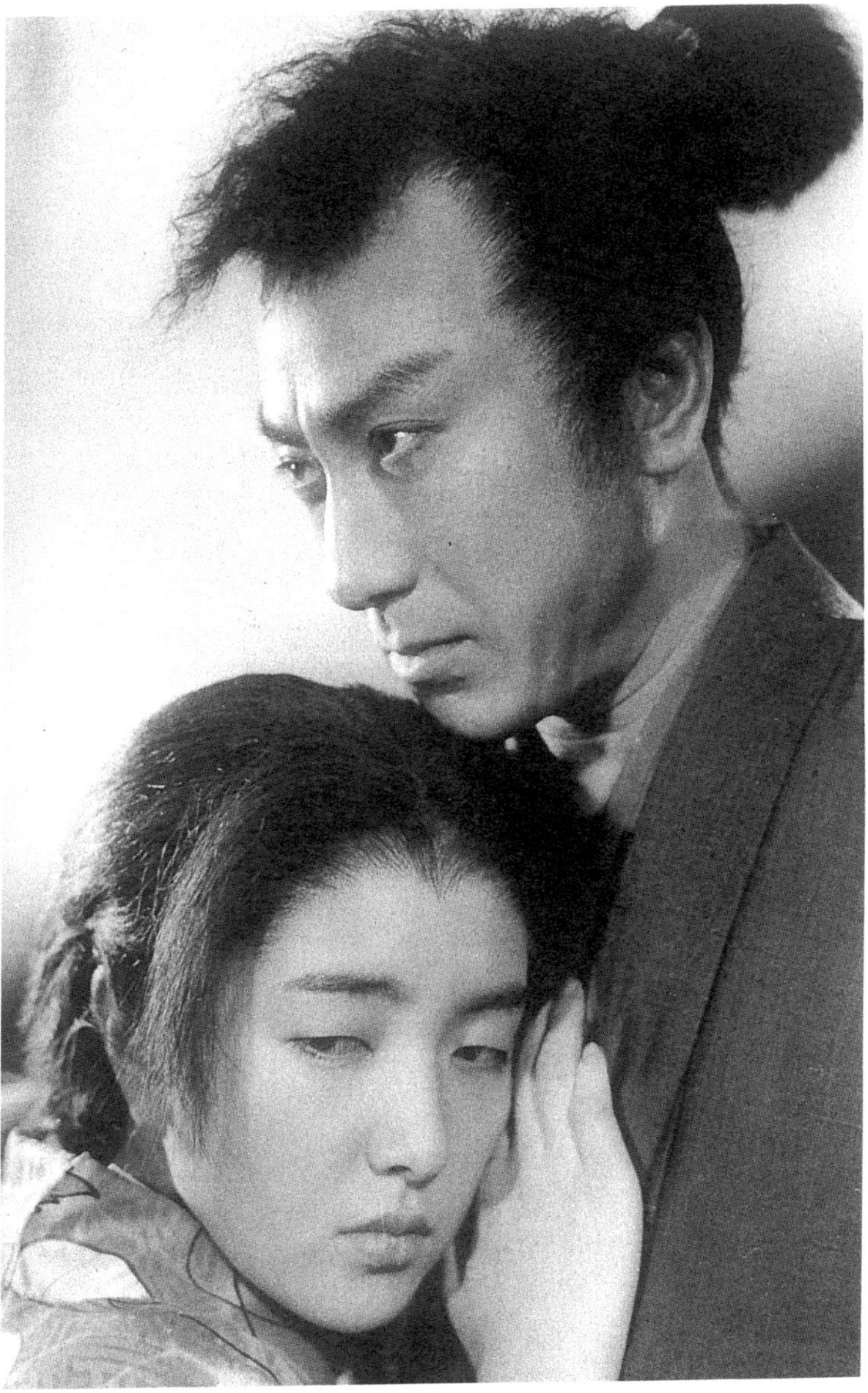

『宮本武蔵』宮城千賀子と

英治原作『萬花地獄』(五部作、中島宝三監督)。芸名片岡千恵蔵となる。映画界入り二十四歳の時だった。同じ時期、やはり歌舞伎よりマキノへ入社した嵐和歌太夫(のちの嵐寛寿郎)が、嵐長三郎と改名して『鞍馬天狗』でデビューしたから同窓生。

昭和三年、片岡千恵蔵はマキノを飛び出し、京都嵯峨野に千恵蔵プロダクションを興す。それにしても二十五歳の若さで撮影所を持つとは昔のスターはスゴイ!

片岡千恵蔵はマッスグ人間だから随分とケンカをしている。まずはマキノ(省三)の『実録忠臣蔵』(大正十年)で判官役の約束を牧野省三の遁辞によってはずされて憤激、独立して千恵蔵プロ設立。日活系一流館で千恵プロ映画上映に至るが、日活より経費の縮小(プロの従業員の整理)を命じられ離反する等、それ以前の歌舞伎から映画の新天地へと千恵蔵が移ったのも、梨園の御曹子だけに良い役がつき、下から上がってきたヨソの人間はいくら頑張っても報われない古い体質に我慢出来なかったからだし……。

その後千恵蔵はプロダクションを解散、全所員と共に円満裡に日活へ入社。日活時代劇は阪妻、嵐寛、千恵蔵三巨星の揃い踏みとなった。やがて太平洋戦争による戦時体制により日活は新興、大都の三社合併で大日本映画(のちの大映)が創立される。

新興専属の市川右太衛門も入社し、ここに三スターに加え時代劇四大スターが並ぶ。

戦後、CIA(米軍情報部)は米軍への日本人テロ活動を恐れて「刀や槍等の武器を用いての戦闘場面を一切禁止する」といったチャンバラ禁止令を出す。さァ時代劇の大スター達は水を抜かれた錦鯉のようになってしまう。ところがどっこい、良い友人やスタッフに支えられて片岡千恵蔵はいち早く蘇生する。脚本家・比佐芳武のアイディアから生まれた多羅尾伴内『七つの顔』（松田定次監督）、昭和二十二年正月映画で大ヒット（封切は昭和二十一年十二月）。大映のドル箱になる。

ところでこのシリーズが『十三の眼』（昭和二十二年）『二十一の指紋』（昭和二十三年）『三十三の足跡』（昭和二十三年、いずれも松田定次監督）と当たり続けるのだが、またまた千恵蔵の怒りが爆発する。それは大映京都撮影所における大映系館主大会で行った永田雅一社長の次の一言だった。「『七つの顔』のようなものは幕間の仕事だ。本当の映画の仕事じゃない……」と当時、『羅生門』（昭和二十五年、黒澤明監督）のカンヌ国際グランプリ受賞で鼻息荒い大映社長。

千恵蔵としてはさんざん会社は自分の作品で儲けておきながら幕間の仕事とは！　と相容れなくなり、第四系統を作ろうと契約満了を機に退社。東横映画（のちの東映）を興して市川右太衛門を誘い二本柱で以後〝時代劇は東映〟の隆盛を招く。『多羅尾伴内』シリーズも東映で復活、少年に人気のその作品群の変装物のセンスは、のちの「月光仮面」、「七色仮面」、「仮面ライダー」等のルーツとなる。

ヤッパリ千恵蔵はチエ《強え》ーぞ！

［刃］

『喧嘩奉行』

片岡千恵蔵
遠山金四郎
多羅尾伴内
木久扇

大スターにして大実業家　片岡千恵蔵

戦後、大映、東映の二社にまたがり、大活躍をしたチャンバラ（時代劇）スターが片岡千恵蔵。時代劇では『遠山の金さん』シリーズ、探偵アクションものでは、『多羅尾伴内』シリーズで大ヒット。若き頃の木久扇（当時は木久蔵）も、今年の干支の戌《イヌ》歳のごとく、ドックドックと心臓を鳴らして、映画館通い！

私がまだ若手落語家の頃に、NET（現在のテレビ朝日）の深夜番組〝チャンバラ談義〟で、『遠山の金さん』作品を手掛けた名監督・マキノ雅弘さんに伺った面白いお話。

「〝おーう、背中に咲いた満開の！　この桜吹雪が目に入らねえのかい！〟というお白洲のシーンで、あんまり千恵蔵が大袈裟な芝居をやるんでね、おかしくって、これは一寸からかってやろうとね。本人にさとられないように仕掛けをした。悪人たちが遠山金四郎にやりこめられている処で、千恵蔵という人の発声は〝思い知ったか！〟となるところを、どう聞いても〝思いちったか！〟となる。

そこでね、お白洲に花びらを散らせたんですわ。千恵蔵が〝思いちったか！〟と大見得を切りますわね。すぐ、派手に桜の花片を降らせましてね。ロングにキャメラ引いて、エンディングですわ。思いちったかを、散ったかにね、かけて洒落たんですわ。さあ、試写観てたら、試写室に千恵蔵本人も居るというのに、ラストのところでスタッフの爆笑です。千恵蔵は何も知らんから、何かおかしいんだと不審がってましたが、その内に意味が判ったんですな。カンカンになって私ん処へねじ込んできて、〝撮り直しだ！〟って言ってね。知らん顔してとぼけましたけどね、洒落が分からんお人やと。ホッホッホ」

と、笑っていたマキノ監督の顔が今も浮かぶ。

平成五年十二月、宝映テレビプロダクションの忘年会のあと、二次会が神楽坂のお座敷であった。当時の社長・香山さん、市川右太衛門、千原しのぶ、加賀邦男、そして五代目・柳家小さんなど、そうそうたるゲストメンバーのすみで、私も一夕《いちゆう》同席した。

名脇役・加賀邦男さんの千恵蔵談義。

「不思議と奥さんに頭の上がらん人で、よれよれのワイシャツなんか着とるんですよ。奥さんに洗濯してもらったらどうですか、なんて私がすすめると、〝いや、あれも子供を育てるのに手いっぱいだから……〟なんて我慢してるんです。こんな大スターが奥さんに気遣いするなんて不思議でしたね。どちらかというと今晩のメインの市川右太衛門さんは陽のご性格で、何でもパッパッと判断処理が早いんです。ところが千恵蔵さんは、こうずーっと考えていて、みんなに意見を言わせて、それからかん高い声で自分の思っている事を述べる。ですから陰でしたね。何を考えているのか判らないところがあって……」

剣豪にして、大実業家だった片岡千恵蔵の片鱗である。でも、エライ人でしたよね！　子育では大成功なさった！　只今、日本航空株式会社の植木義晴社長は千恵蔵家の御三男ですもの……。

［魂］

七つの顔の男・片岡千恵蔵

昭和五十六年春、ＴＢＳアナウンサー・鈴木治彦さんの父上、鈴木新助さんの扇寿を祝う義太夫の会が東京日本橋にある名店のレストラン〝たいめいけん〟で行われた。

当時、私はＴＢＳの朝のワイドショー、〝モーニングジャンボ〟のレギュラーで、鈴木治彦ファミリーだったから、「落語をやってください」と依頼されたので、二ツ返事でお受けして会場に駆けつけた。

たいめいけんの三階大広間で行われた義太夫大会は、歌舞伎通で、元役者をなさっていて中村勘三郎丈（当時の名前は「中村もしほ」）と同期で友人だった父・新助さん、令息・治彦さんの顔の広さもあって大入り満員。しかも司会者が次々と紹介するゲストがスゴイ！

例えば治彦さんがテレビや歌舞伎座のガイド等をされている関係からか、中村勘三郎（先々代）、尾上松緑（先々代）、尾上梅幸、尾上菊蔵という大物の方々がお揃いで……。（ちなみに、治彦さんの母、つまり新助さんの奥方は、尾上梅幸夫人のいとこにあたるそう。このあたりも大名題が顔を揃えた経緯かも。それにしても鈴木家は、お家柄も相当なものなんです）

治彦さんの御配慮か、私の着替えの場所は四階の大きな個室で、大名題の歌舞伎の方々と一緒で、私は一席伺う出番待ちの時は、隅の方で小さくなっていた。松緑丈が「やあ、ラーメン屋さんですな。忙しいですか……」と声をかけてくださり、他の名題さんが、ドッ！　と笑ってくださったので、やっとなごんでホッとした。

満員の客席でいよいよ私の出番。「昭和芸能史」をリクエストされている。金屏風を背にして中央に私が座る。「落ち着いて、落ち着いて」と自分に言いきかせ、しゃべりながらグルリと客席を見廻す。と、襖をはずして廊下まで椅子席になっていて、そのまん中に、片岡千恵蔵さんがどっかと腰かけ、まっすぐ私の方を見ているではないか。さあ困った。

口演の「昭和芸能史」のヤマ場は、私が小学校四年生の時に観た、昭和二十一年十二月封切の大映映画、片岡千恵蔵主演の『七つの顔』（松田定次監督）のラスト、探偵が次々と変装していた姿で悪の一味に大見得をきるシーン。私の得意とする大好きなセリフで噺は盛上る！

「ある時は片目の運転手、また、ある時はインドの魔術師、また、ある時は波止場のマドロス、また、ある時は手品好きなキザな紳士、また、ある時はパトロールの老巡査、また、ある時は私立探偵・多羅尾伴内。しかしてその実体は！　……正義と真実の使徒、藤村大造！」

次々と身につけている衣裳を脱ぎすて、私立探偵は格好よく二挺拳銃をかまえれば、もう客席はたまらない。カーッと血がのぼって

ゆく私の少年時代の想い出。

四階の控室の気遣いも大変だったが、私の高座もタイヘンなことになった！　まさか本物の多羅尾伴内が目の前に現れようとは！　千恵蔵御大が私の拙演モノマネに怒って「ヤメナサイ！」なんて野次ったりはしないだろうが……。

こうなったら、うんと楽しくしゃべってやれと腹をくくると、気持も楽になり、多くのお客様から大拍手までいただき、大汗かいて一席を終えた。逃げるように控室に急ぐ。すると私を客席にいた宝塚大スターの鳳蘭さんが追いかけてきた。

「木久蔵さんの新作落語、たいへん面白かったですよ。自作の噺なんですってね。いろいろの方の声色が出て、新しい型の落語で素晴らしいわ！」

長身の体をかがみ込むようにして、大きな瞳で私を包み、ほめてくださった。「ああ、ガンバッテよかった！」と、しみじみあの時、思った。宝塚の大スターがほめてくださったんだもの、うれしいよね。会の終演後、片岡千恵蔵さんにアイサツする勇気もなく、司会の鈴木治彦さんが「千恵蔵先生を目の前にして苦戦した木久蔵さんは逃げてしまいました」と笑いをとってつくろってくださった。

小学校時代に観た『七つの顔』多羅尾伴内の作品は次々とヒットし、大映から東映へと移り十一作。このシリーズこそ、のちの「月光仮面」、テレビの「七色仮面」の原点なのだ。

［魂］

木久蔵

『十三の眼』

British MK IV Webley
revolver-Six Shot-.455 calibr
多羅尾伴内シリーズ
French Lebel revolver
Model 1873-still used in World War II.
木久蔵

好評！上映中
七つの顔
片岡千恵蔵主演
木久蔵

市川右太衛門

三日月傷のお殿様・市川右太衛門

私は幸せなことに剣豪、市川右太衛門の晩年に相当おつき合いをさせていただいている。ひとつは「東京・東ＲＣ《ロータリークラブ》」という同じ奉仕クラブの会員だったこと。もうひとつは五代目柳家小さんが主宰する「三日月党」というファンクラブの、私は党員だったこと。

九十歳を過ぎてもお元気で、京都北大路の邸から千代田区一番町（天下御免の向こう傷！　都一番退屈男なので一番町住まいに）のマンションに越され、毎朝、雨の日以外は、芝居の依頼があった時に備えて足腰を鍛えるため、皇居のまわりを二周、速歩で、オイチニ、オイチニ！　と巡っていた。天下の千両役者を声援する街の人に、上機嫌で「よっ！　よっ！　おはよう！」と手を振りながら応えていた姿が昨日のよう。

市川右太衛門の戦前から戦後にかけての、娯楽時代劇で多作を誇るのは、そのライフワークである『旗本退屈男』。

「そうれ　よっく見よ！　この額《ひたい》の三日月傷を何と見る！　折《お》り節月《ふしつき》の雲がくれ、当節江戸には無粋な輩《やから》が増えたと見ゆる。この早乙女主水之介、諸羽流正眼崩《もろはりゅうせいがんくず》しの太刀、ひとさし舞ってみせようか、パッ！　ウハハハハハ……」の名セリフで、お家横領をたくらむ悪人ばらをバッタバッタと斬りまく

『十万石を裁く旗本退屈男』

る、当たりに当たった十八番。

退屈男のトレードマークは、眉間の三日月傷に〝諸羽流正眼崩し〟の秘剣。原作の佐々木味津三の本にはそう書いてあるだけで一体どんな構えなのか、何の説明もないからそこで右太衛門が工夫してあみ出したのが逆足（剣道では普通足を開いて左足のかかとが上がるのを左足を前へ右足をあげる）で、剣を真っ直ぐに立てる構え。東映専属だった殺陣師の足立伶二郎は、よみうり演芸館『殺陣』で右太衛門の立回りに付いて、「一体に時代劇では、刀が画面に入るかどうかは大変な問題だが、かといって真正面に構えると顔が邪魔される。この矛盾を立派に解決しているのが右太衛門先生の諸羽流正眼崩しで、刀が立っている上に、これこそ左右どちらにも構えることができるから、カメラアングルは少しも制限されない、アップによし、ロングによしという、まことに映画的な、強い美しさにあふれた構えになる」

たしかに右太衛門の殺陣は大柄の体で変幻自在よく動く、乱闘シーンではまず右を斬り、次に左を払う、そしてまん中を拝みうちにという手順がくり返される。チャリン！　とつばぜり合いの上、次に剣がのびていくといった塩梅で、まるで踊るように華麗で剣技が速い。

退屈男の売りはもうひとつその衣装である。関西歌舞伎に子役で入り、青年歌舞伎で演じ、伝統的な基本をその世界で学んだから、十八歳で映画入りしていきなり『黒髪地獄』〈前後篇、大正十四年、沼田紅緑監督〉で主演して以来（独立第一回作品は『乱闘悲戀安政盗聞録　浄魂』〈昭和二年、押本七之助監督〉）、その勉強が役立った。

原作の退屈男は黒紋付という地味な姿、ところが右太衛門が考案したのは女性の着物の美しさ。白黒映画の時代でもその濃淡に感情をもたせねばと衣装を派手に、美人画の甲斐庄楠音画伯を相談役に戦後は一つの作品に付いて多い時は十五、六枚もの衣装を作り衣装替えしていたというから画面はぜいたくになる。派手な着物を侍が着るという発想をしたのは映画では右太衛門が初めてなのだ。

「予算を惜しんではいけない、戦後の復興期に、華麗な衣装に託された庶民の〝夢〟に応えよう！」という右太衛門の意気込みに、『退屈男』シリーズはヒットし、戦前に九本、戦後二十一本が作られた。佐々木康監督作品が十本と最も多く、次に松田定次監督が六本。どちらかというと男性的な作風の松田作品にくらべて松竹映画のメロドラマ作品の名手から東映に移った佐々木作品の退屈男の仕上がりは、ラブシーンもある女性的な演出だった。

　市川右太衛門は片岡千恵蔵と両輪で「東映」の礎をきずいた！　三日月傷は退屈男のシンボルなのだ！

［斬］

『旗本退屈男　どくろ屋敷』

木久蔵

大スターにして映画の神！　市川右太衛門

私の旧友、茨城県チャンバラ会（時代劇映画の会）から、時代劇映画の宝物が贈られてきた。東映作品、昭和三十七年『きさらぎ無双剣』（佐々木康監督）のＤＶＤである。

若い読者には、主役の市川右太衛門という大スターには、ピンとこないだろうが、二世がスターの北大路欣也、そして敵役には、当時剣さばきトップと言われた近衛十四郎という松方弘樹のお父さんなのです。

この『きさらぎ無双剣』は、私のあこがれの作品で、未見なので、随分さがしていたものなのだ。チャンバラの友は有難い。他にお土産として、時代劇映画小ポスターファイルを添えて下さった。これ、どれだけの値打ちものか。

市川右太衛門といえば、当り役『旗本退屈男』シリーズが三十本あるが、もうひとつのシリーズが、この『きさらぎ無双剣』もので四作品。中でラストシーンの、右太衛門の白覆面に対し、近衛十四郎の妖刀の立回りが息をのむ『きさらぎ無双剣』がシリーズのトップだ。読者に、是非一見をおすすめする。

さて、市川右太衛門演ずる、旗本退屈男とはどういう主人公なのか、若い読者に申上げる。

原作者の佐々木三津三、この作家にはもうひとつのヒット作がある。

『むっつり右門捕物帖』で、この原作も時代劇の大スター嵐寛寿郎により映画化され、いく度近藤右門は演じられ、他に大友柳太朗、テレビでは杉良太郎の当り役になった。逸れてしまったが、もど

きさらギ、無双剣
市川右太衛門
木久扇

します。

旗本退屈男は早乙女主水之介という名で、年齢は三十四歳、身長五尺六寸（百六十九センチ）の直参旗本で無役、無役とは先祖代々から禄高を支給されている身分の、千二百石どりの中堅旗本、現在の収入に換算すれば年収約四千万円。家の広さは九百坪、そこに住む一人者なのだからリッチな暮し。

早乙女主水之介の自由さは、三十四歳にもなって女房、子供がいないこと。主水之介は共に住む菊路という美人の妹に身のまわりの世話をしてもらっている。江戸時代は二十歳そこそこで男女共結婚するのが当り前なのに、とても珍しいことです。家にしばられている菊路には青春がないではないかとの心配はご無用で、彼女には小太刀の遣い手の美剣士、霧島京弥がついていて、二人は相思相愛。主水之介は、このカップルを一緒に住まわしてやっているのだから立場は強い。

京弥の役は戦前は大江美智子、戦後に川路龍子、宮城千賀子、勝浦千浪等、男装のスターがやっていた。そして笹尾喜内という老人が世話役でいて、家のきりもりから、主水之介の嫁さがし迄してくれる。枯れているから女の問題も起こらない。退屈男の方は、小唄の師匠、矢場の女とか、自分で食べてる年頃の恋人がうじゃうじゃいる。

こうしたことで退屈の虫がうずいて、難事件に首をつっこんで剣で解決！　有名な時代考証の三田村鳶魚センセイなどは、「情人を引き込んで楽しんでいる。商家の娘でもやらないと菊路のことを怒っていて、早乙女家の風紀はどうなっているんだ！」という正論をいう。

ともあれ、妹との人間関係、老人は頼られ外には愛人がいっぱいいて、悠々と暮らしながら悪をやっつける。これは男の理想ですね！

旗本退屈男、早乙女主水之介の剣の奥義は諸羽流正眼崩し、諸羽流の始祖は篠崎竹雲斉、どの方向から撮っても絵になる正眼崩しの構えも、市川右太衛門創作によるもの。北大路欣也の二代目退屈男にも、この構えはキチンと伝わっている。

腰にさした太刀は白束細身の名刀、〝平安城相模守〟という業物。

退屈男の額の三日月傷は、原作では長州七人組を切り伏せた時に受けたものとなっている。

「三日月の向う傷はねぇ、歌舞伎の馬盥からとったものです。この狂言ではね、明智光秀が信長の命をうけた森蘭丸に傷つけられますが、その傷が見事なんでそっくりそのまま頂戴した。そして主水之介の紋も光秀と同じ桔梗にしてますよ」

と、生前の市川右太衛門は、私に話して下さった。

大スター市川右太衛門は映画の神だ！

［魂］

長谷川一夫

世紀の美男子・長谷川一夫

長谷川一夫という時代劇スターは、晩年は映画の枠組みから離れて、松竹に対抗しての東宝歌舞伎を成功させ、宝塚のレビュー「ベルサイユのばら」を演出し大当たり、それも大ロングラン興行にもってゆくなど、興行師としてのシャープなひらめきがあった。

もうひとつ実業家の顔として、赤坂で高級料亭加寿老《かずお》を経営、政治家たちを上客に迎え、老舗にひけをとらない商売をして、ガソリンスタンドも持ち、繁昌していたというから、芸能界のレオナルド・ダ・ヴィンチみたいな人と例えたら大げさか。舞踊「深川」を洋楽のペレスプラドのマンボで踊ってしまうくらいなのだから……。

「刃」で連載中の「桃太郎侍」は最初昭和二十七年に大映で映画化（『修羅城秘聞』〈正・続篇、衣笠貞之助監督〉）され、長谷川一夫の桃太郎、大仇役伊賀半九郎が大河内傳次郎でラストシーンに双龍対決天守閣でのすさまじい殺陣があった。私が中学三年生の頃に観たのだが未だに脳裏にネガとなっている。大立回りの名場面だ。

大映の殺陣師、宮内昌平氏が読売新聞の演芸館で言う。

「長谷川さんの殺陣を語るとき、舞踊との関係についてふれない訳にいかない。長谷川さんは先代

『修羅城秘聞　双龍の巻』大河内傳次郎と

中村鴈治郎に師事した方で、踊りがおできになる。だから立回りも踊っているような感じで、そのきれいな剣さばきには、たまらない色気がある。正眼の構えから相手の胴に切込むときも、刀がいったんクルッと横に回ってサッと胴に入る。しかし、これはやさ型の剣であって、モノ（作品）によってこれでは困るときがある」

長谷川一夫は本名。明治四十一年、京都伏見に生まれた。伯父が伏見大手座を経営していたツテで、ここで五歳の時に歌舞伎「寺子屋」の菅秀才役をやったのが初舞台。十歳で中村鴈治郎に入門、林長丸の芸名で道頓堀の檜舞台を踏んだ。この時の仲間に市川右一の市川右太衛門や、嵐和歌太夫だった嵐寛寿郎などがいた。

仲間が次々と映画入りして新天地で脚光をあびるのに続き、林長丸も林長二郎で映画入り。主演第一作が昭和二年松竹キネマの『稚児の剣法』（犬塚稔監督）で、前髪だちの美剣士で大ヒットをとばし一躍スターに。

天才・長谷川一夫のひらめきは顔技（顔だけの芝居）を発明したこと。長谷川一夫の色っぽい流し目は生涯その演技の中にくり返され、女性ファンをドキドキさせた。その発端は昔の映画館にあった。客席が男子席、女子席、まん中が夫婦や家族の同伴席と、区別されていた。当時左側にあった婦人席を意識してカメラの前に立つと、スクリーンにアップになった長谷川一夫の目線がジッと左側にそそがれる。さァ女子席の娘たちにはたまらない。「長サマ、チョーサマ」とキムタク（木村拓哉）の比ではない悲鳴が上り、パニック状態になり、コンパクトは出すは、口紅をひくは、オシッコはチビルはで大騒ぎ。顔技を工夫した時、林長二郎十九歳の時だったのだから恐れ入る。

そんな長谷川一夫が松竹から東宝へと引き抜きのイザコザ劇に巻き込まれ、役者にとって何よりも大切な顔を暴漢に襲われて斬られる。この事件はその時代の世情なら十分起こりうるもので予想されていたから、長谷川の付き人たちも注意をしていたのだが事は起った。

ところが長谷川一夫のすごさは、左のほおに手をやれば中指と人差し指が、2～3センチもぬめり込んだ致命傷をうけたことにもめげず、それをバネにして不死鳥のように立直り、永年にわたって天下の二枚目、大衆演劇の第一人者の地位にあり続けたこと。外見の柔らかさとはうって変わって男の剛直さを内に秘めていたすごい人物だったのだ。

戦後、長谷川一夫は劇団新演伎座をおこし、百二十名の座員をかかえて大借金をする。

その長谷川を大映映画に重役として迎えて借金を始末し、昭和二十八年の主演作でカンヌ映画祭グランプリ受賞『地獄門』（衣笠貞之助監督）を始め、『近松物語』（昭和二十九年、溝口健二監督）、『雪之丞変化』（昭和三十八年、市川崑監督）、『江戸無情』（昭和三十八年、西山正輝監督）までめんどうみたのは、戦中には松竹側にいた永田雅一だったのだから、縁は異なものである。

［刃］

『地獄門』京マチ子と

『銭形平次』

長谷川一夫
木久蔵

目で相手を斬る・長谷川一夫

時代劇のスターの中で、長谷川一夫ほど美しく輝いていた俳優はいなかった。どんな人かと問われれば、時代劇界の手塚治虫みたいな人だったと私は思う。

いつも美男で、日本中の女性の憧れとして、映画の世界ばかりでなく、舞台では昭和三十年から年二回東宝歌舞伎を立ち上げ死ぬまで続けていた。芸界のスター達（ジャンルの違う、例えば先代の中村勘三郎、新派から水谷八重子、歌手では美空ひばりなど）との夢の共演を実現させ、連日満員の大入りで、東宝は大儲け。他にも宝塚の「ベルサイユのばら」の演出を手がけて絶賛されるなど、人物のスケールが、他の俳優とはかけ離れている人なのです。

長谷川一夫の時代劇映画の殺陣は、歌舞伎の女形出身なので、踊るように優雅な流れ、しかも型がキレイ！　なので女性ファンにはたまらない。

山村美紗・著『男の花道　小説長谷川一夫』（読売新聞社）によれば長谷川一夫自身の工夫は次のようだ。

「わての殺陣は、動きが少ないよって、斬られ役の方々に、目いっぱい動いてもらわないかん。わては刀ではなく、目で相手を斬るのやさかい、アップで顔を映して欲しいんや。顔で斬ってるんや」

洋画の西部劇『シェーン』（昭和二十八年、ジョージ・スティーヴンス監督）が大当たりした時、主演のアラン・ラッドよりも適役の黒ずくめの殺し屋・ジャック・バランスが画面をさらって話題となった。すると、映画を観た長谷川一夫が、のちに、股旅もの（博打打ちの旅物語）にそれを取り入れて、演じた渡世人の姿は三度笠、合羽から手甲、脚絆、わらじまで黒とこだわって撮影に入った。作品名も『黒い三度笠』（昭和三十六年、西山正輝監督）。こういった時代を切り取るのも早い人だった。

昭和五十五年、東京のホテルオークラで開かれた山口淑子環境政務次官就任披露パーティに出席した私は、長谷川一夫にお会いした。

盛大なパーティの中、招かれていた私のすぐ隣に紺の背広に身を包み、大きな顔が浅黒く、皿のケーキをフォークで崩し祝辞を聞きながらしきりにうなずいている。

当時、まだ「木久蔵」だった私が深々と頭を下げると、

「木久蔵さん、いつも『笑点』見てます。おバカさん役大変ね。ご苦労さま。

今ね、ご祝辞のご挨拶をしていらっしゃる方、田中角栄って人、個人的には私は好きですよ。ほら、あんなに顔もつやつやで元気でしょ。それに声に迫力もあります。

役者だってあれだけ気迫を出すのはなかなか出来ることじゃあない。あの方、ぶっきらぼうなしゃべり方みたいですけど、あれで優しい人だと思うの……。

なんたって一国の総理をお任せされた方ですよ。その選ばれた人を近頃、悪く言うのは良くないことです……」

長谷川一夫と田中角栄に会えたあの日は、凄かったなァ。

［魂］

黒い三度笠
長谷川一夫

木久蔵

高田浩吉

松竹ドル箱スター・高田浩吉

高田浩吉は、歌う時代劇スターだった。

今でも彼の歌をカラオケで熱唱する私だが、戦前大ヒットした「大江戸出世小唄」、戦後の「伊豆の佐太郎」、「名月佐太郎笠」、「白鷺三味線」、「五十三次待ったなし」、「大江戸出世双六」なんぞは、すぐにスラスラと歌詞が浮かび、どこからでも歌えます。

高田浩吉は、戦前も戦後も新東宝（『名月佐太郎笠』〈昭和三十年、冬島泰三監督〉）など他社作品はあるものの、松竹から離れず、松竹京都撮影所が時代劇を製作しなくなって東映に移籍した（十一本作られた松竹の代表作『伝七捕物帳』シリーズは東映でも二本作られている）。

昭和元年、『照る日くもる日』（二部作、衣笠貞之助監督）の捕り方でデビュー。なにしろ美男子の捕り方が「御用！　御用！」と主役に近づけば、捕り方のほうが良い男なのだから主役は食われてしまうと嫌がられ、中々役がつかず、初めての主役は入社五年後の『仇討破れ袴』〈昭和五年、井上金太郎監督〉でやっと芽吹いた。

甘いマスク、艶っぽい声で、小柄な彼は松竹京都三羽烏としてめきめき売り出す。三羽烏とは、林長二郎（のちの長谷川一夫）、坂東好太郎、そして彼を指した。ところが、長二郎が先々代の中村鴈

『名月佐太郎笠』

治郎を師とあおぎ、好太郎は叔父・坂東三津五郎の元で育ったから芸の下地が出来ている。高田浩吉はニューフェイスから上がってきたから、芸の肥料《こやし》が足りない。そこで、芝居の仕草、立回り、メーキャップ術を先輩たちから盗む努力をした。林長二郎が昔の芸能誌『下加茂』で語っている。

「浩ちゃんにはかなわんわ。せっかくわてが苦労して顔をこしらえとる（化粧のこと）のに、いつの間にかそれ盗って、次の作品で浩ちゃんわてよりキレイになっとる。わややがな……」

その長谷川一夫とは、戦後の昭和二十三年松竹作品『遊侠の群れ』（大曾根辰夫監督）で共演。この作品で高田浩吉の時代劇時代の愛弟子・鶴田浩二がデビューする。戦後のチャンバラ映画禁止令時代は映画が振るわず、やむなく高田浩吉は一座を組んで旅回りをしていた。鶴田は座員で芝居のほか経理も担当していたというから、相当浩吉座長に信頼されていたのだろう。

その鶴田浩二が後に東映仁俠映画の屋台骨を支える大スターになろうとは、デビュー作品のタイトル「遊侠」の二字が彼の未来の仕事を指しているようで宿命を感じる。

最盛期の高田浩吉は、美貌タイムと称して夜間ロケには絶対参加しなかった。それだけ歳をとって美しいマスクが衰えるのを恐れ、よく眠ることを心がけた。美しい顔のことで面白い逸話がある。

高田浩吉
ご存知黒門町伝七
大久蔵

大曾根辰夫監督の『太閤記』（昭和三十三年）で羽柴秀吉を浩吉が演じた。出世前の秀吉の猿面冠者のメークアップで始めの内は参加しているが、撮影待ちの度にいなくなり、少しずつ猿面の化粧が直っていき、ついにはキレイキレイな羽柴秀吉に変わってしまい、製作スタッフはとてもビックリした。しかし何しろドル箱スターだ。法皇と呼ばれていたくらいだったから、誰も文句が言えなかった。

［刃］

チャンバラが苦手な歌う時代劇スター・高田浩吉

東映の任侠映画で、高倉健と並んで一世を風靡した鶴田浩二は、松竹映画の時代劇看板スターだった高田浩吉の弟子だった。

昭和十四年頃に子役で高田浩吉劇団に入って働き、戦後海軍から戻ってきて、昭和二十二年に、巡業をしていた高田浩吉劇団に再び入り、食糧不足の当時に、座長・高田浩吉と下働きの芸名・鶴田浩二は苦労を共にした。

高田浩吉の回想。

「前の演《だ》しものが終って幕が下りる。バタバタと楽屋に入ってきてさ、僕の世話をする。やれコールドクリーム。それかつらだ、刀だ。それがすんだら、今度は榮ちゃん（鶴田浩二の本名・榮一）自分の支度だものな。やっとの想いで一回終ったら、さあ、劇団の事務をいろいろと、そこへもって来

て、私の会計係りと、もう忙しいことこの上なし」（昭和三十年四月、平凡スタア・グラフ・高田浩吉集・平凡出版）

大スターの下積み時代のスケッチだ。

私は高田浩吉が演じる松竹時代劇映画が大好きだった。

高田浩吉はスクリーンの中で、突然歌い始める。

例えば股旅ものの主人公の時は、悪いやくざの親分（敵役は山路義人が多かった）に、大切な父親がだまし討ちにされ、死に際に駆けつけて抱きかかえ「お父っつぁん、死なねえでくれ……」と涙を浮かべてつらい別れの場面となり……観客の涙を誘うのだが。

次のシーンになると、晴々として笑顔の渡世人・高田浩吉が歌いながら道中をしている。

親の仇を討つ身なのに、すれちがった若い旅の女の肩をポンと片手で叩いて、ニッコリ微笑んで上機嫌なのである。

中学生だった頃の私はスクリーンに映る高田浩吉に唖然として、こんなヘンな人がいるのかと、ゾクゾクした快感を味わい、高田浩吉の歌入り時代劇が大好きになった。

高田浩吉は時代劇スターなのにあまり立回りはうまくない。

阪東妻三郎、片岡千恵蔵、市川右太衛門、嵐寛寿郎、長谷川一夫等、そうそうたる剣戟スターとの共演があるのだが、一向にその影響はうけてないし、剣技も盗んでないからその殺陣は浩吉流で迫力なし。

高田浩吉の殺陣は、うしろや両側に敵がいて立回るのを嫌い、いつも正面から向いあう型になるから、争いがツマラナイ。

「高田浩吉が楽天的な鼻うたまじりで三度笠スイスイの股旅もののときが一番颯爽としていたのは、軽量級ということのほかに、立回りが下手なため型をくずしたやくざのそれならばなんとか見られたからだ。対照的にオーソドックスな剣豪スターは、たいていやくざには向かなかった」（永田哲朗「殺陣　チャンバラ映画史」社会思想社・現代教養文庫、平成五年）

なるほど成程……。

ところがどっこい、高田浩吉には歌がある。戦前戦後を通じて八十枚も出しているのだからもう歌手だ。しかもヒット曲が多い。

時代劇の大スターはチャンバラのあと歌ったりしない！　その代表が市川右太衛門、イチカワウタヽヽエンモンという位で歌わないのです。

時代劇の歌うスターとして他に小林重四郎、大友柳太朗、戦後は里見浩太郎、勝新太郎、おっと、中村錦之助までいるが、高田浩吉のヒット曲の数々には敵わない。

戦前吹込んだ映画主題歌「大江戸出世小唄」戦後になると、たて続けのヒット！

「伊豆の佐太郎」、「白鷺三味線」、「五十三次待ったなし」、「お役者変化」、「江戸いろは祭」、「伝七浮かれ節」、「天馬往来」、「江戸は春風」……などなど。

ある時はやくざの旅人、又ある時は道中の飴売り、ある時は火消し、かわら版売り、十手姿の親分、流しの三味線ひき、大店の番頭、もう七つの顔の男だぜ！　浩吉七変化！

高田浩吉は、歌うスターであるから、歌手との共演が多く、美空ひばり、久保幸江、島倉千代子、東映に移籍してから、やはり歌う時代劇スター・里見浩太郎と珍しく二人で劇中に歌っている。

〝笑点〟の司会者だった先代の圓楽が機嫌が良い時なんぞに、

〽しらァさぎわァ　なんて歌っていたし、老いた高田浩吉と最後に会ったのが、今の円楽で「巡業先で高田さんが、付人もなく、自分でバンドに譜面を配ってました」と教えてくれた。

［魂］

土手の
柳は
風まかせ
好きな
あの娘は
口まかせ
高田浩吉
木久扇

大友柳太朗

歌う剣豪・大友柳太朗

〽桜花咲く　咲くのは此処よ／夢に夢見る　花かげこかげ／花かげこかげ　花かげこかげ

宝塚歌劇団の歌みたいだが、何と娘役とのデュエットでうたっているのは奴《やっこ》さんの大友柳太郎（のちの大友柳太朗）。

少年時代にこの映画を観た私は、画面に写る奴姿《やっこすがた》の大友の口の動きに合わせて合唱し、歌が頭に入ってしまった。戦後、小学四年生のとき、杉並区の西荻館で観たと記憶している。

剣豪スターで知られる大友柳太朗は、時代劇で歌うスターでもあったのだ。

『元禄女大名』（木村恵吾監督）。昭和十四年新興キネマ作品、共演・高山廣子。武芸の腕に目覚めた武家の娘が恋に目覚めてゆく話で、昔の作品ながら「純然たるミュージカルの形式をもったもの。洋楽に合わせて唄い踊るヒーローとヒロインの姿に、その嬉しさは、じりじりと世界戦争に巻き込まれようとしている黒い霧が押し寄せる息詰まる世相の中で明るく楽しい映画として好評だった」と、記録がある（「時代映画」特集・大友柳太朗研究、時代映画社、昭和三十七年四月号）。同じく高山廣

『姫君大納言』高山廣子と

子とコンビのミュージカル作品『姫君大納言』（押本七之輔監督）も同年にあるようだ。
大友柳太朗の顔は、時代劇俳優の中でも抜きん出て立派だ。顔のことを本人が「黙っていると実に立派な顔だ。まるで日本武尊《やまとたけるのみこと》の再来のようだ！」と、助監督だった頃の長谷川安人《やすと》監督に自慢したというし、戦後ハリウッド映画『黒船』（昭和三十三年アメリカ、昭和三十四年日本公開、ジョン・ヒューストン監督）のロケで来日したジョン・ウェインが、東映京都撮影所で案内役をしてくれた大友柳太朗を見て「日本にもこんな立派なフェイスの俳優がいたのか……」と感心していたというから、国際的にも通用したいい顔だった訳。
新興キネマのスター、大友は、兵役にとられ戦後引き上げてくる。四国松山育ちで文学青年だった大友柳太朗の松山中学時代からの親友に俳人の石田波郷《はきょう》がいるが、大友自身も短歌をたしなみ、意外にも歌集も出している歌人であった。

故国の空の碧さが眼に沁みる　帰還の艦の岸につく朝　（昭和二十一年五月）
――北支より帰還――

大映から東映に移り、ワキ役が多かった大友に運がめぐってくる。昭和二十八年の作品、佐伯清監督、『加賀騒動』の大槻伝蔵役で主役に返り咲く。戦前のスターで時代劇カムバックを果たしたのは、他に高田浩吉、近衛十四郎ぐらいで、ほとんど昔のスターたちは消えていくか、ワキ役のままだった。

新諸国物語 笛吹童子
大友柳太朗
霧の小次郎
東千代之介
木久扇

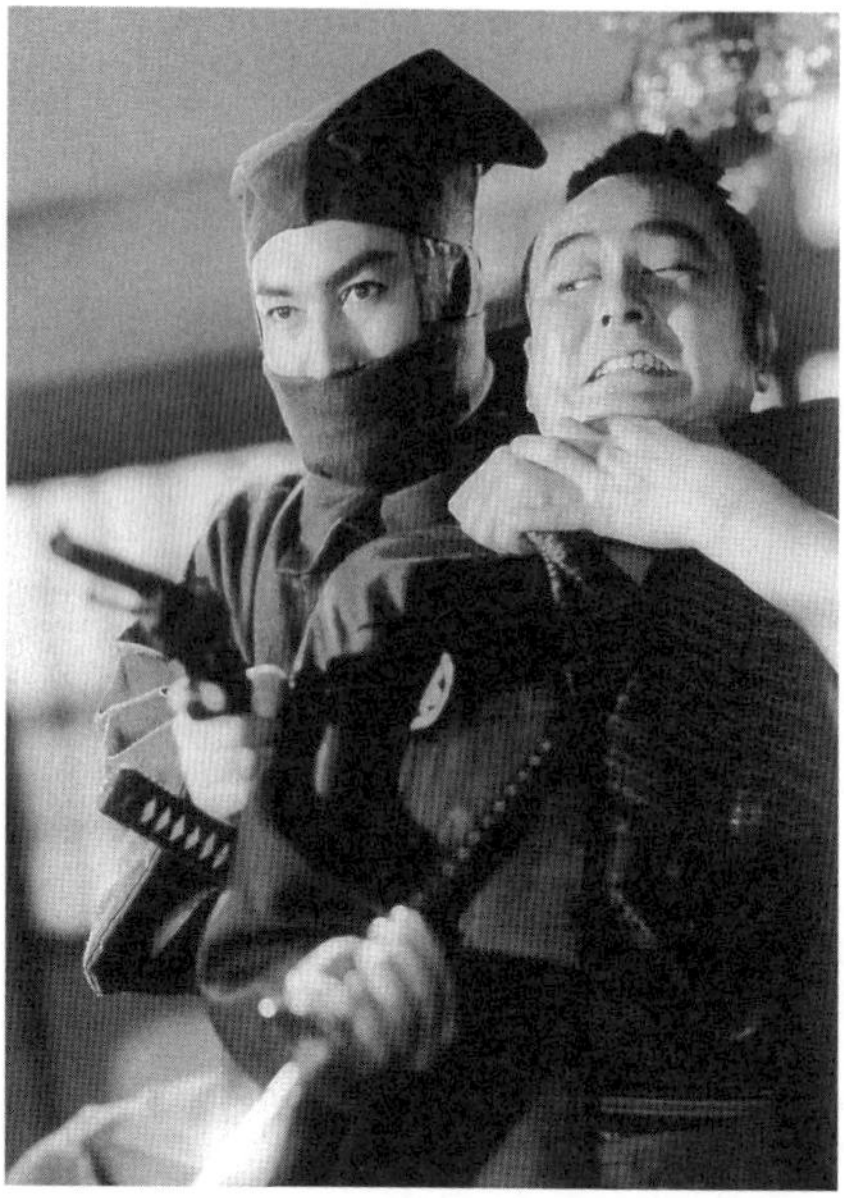

快傑黒頭巾
大友柳太朗
田代百合子
木久蔵

大友は立派な顔と、歌人のナイーヴさを持ち生真面目なので、スタッフ、会社からも愛された。特に製作者のマキノ光雄は大映から極貧の東映へと自分に付いて来てくれた大友に目をかけて『加賀騒動』、『新諸国物語　笛吹童子』三部作（昭和二十九年、萩原遼監督）の霧の小次郎役、『快傑黒頭巾』（昭和二十八年、河野寿一監督）『丹下左膳』（昭和三十三年、松田定次監督）など、チャンスを与えて大友柳太朗に報いた。

では、剣豪・大友柳太朗の立回りとは如何なものか。

「いわゆる居合術、小太刀術、柔術、棒術、十手術など、勉強されており、柔術三段、居合術四段を持っておられる、剣、柔術の実力者であります」（『丹下左膳』の剣法を指導した中島正義・武育館館長）

まず基礎がガッチリと出来ているから殺陣シーンも格好がよく動きが的確になる。

大友は話題作『鳳城の花嫁』（昭和三十二年、松田定次監督）で日本初となった東映スコープ第一作を飾り、その殺陣の冴えは大画面に映えた。

「大友さんの場合は大きくて構え方も力感がある。剣が長いんです。あの殺陣のハデさが大友さんの恰幅、顔の良さとマッチしてるんです。剣を本当に振るっているという形なんです。華麗で力感があって」（大友柳太朗友の会編「大友柳太朗快伝」長谷川安人監督の発言・ワイズ出版刊、平成十年）

丹下左膳で熱演のあまり、大友柳太朗は両手を出して駆け出していたという……愉快ゆかい！

［刃］

鞍馬天狗・嵐寛寿郎と快傑黒頭巾・大友柳太朗

私が生まれて初めて出会った大友柳太郎（のちに「朗」となる）の出演映画は、今より遠くさかのぼって小学三年の頃に、池袋の映画館で観た上映作品の『大江戸七変化』（昭和二十四年、木村恵吾監督）であった。内容は大岡政談で、悪徳商人に雇われている用心棒の浪人を、大友柳太朗が演じていた。戦後直後なのでＧＨＱが発令した「剣戟映画禁止令」により、時代劇のチャンバラシーンは撮れなかったから、大友浪人は目玉をギョロつかせ、やせた顔のホホに笑みをうかべて、子供心にも、大岡越前役の市川右太衛門よりいつまでも印象に残り、妖しくて、怖かった。

年が経ち、私は落語家の真打になり、東京・神田明神下の鰻の老舗「神田川」の宴席にいた秋の夜。大友柳太朗にお会いした。五代目・柳家小さん師匠がチャンバラ映画好きで立上げた「三日月党」、旗本退屈男の市川右太衛門丈を囲んで、ファンの落語家や映画界のゲストが集う会で盛上っていた。

私が座敷から廊下に出ると、先代の三遊亭圓楽が立って手招きする。

「キクちゃん、今ね、トイレで大友柳太朗さんと並んでね、用をたしていたら、大友さんが、〝右太衛門さんがウラヤマしい、私もこういう後援会がほしいなァ〟とおっしゃる。キクちゃん私は二つ返事で〝それはいいですね。私がやりましょう〟って言ったらね、喜んでくれてね……」

長身をかがみ込むように私に話してくれたが、以後に「大友柳太朗の会」の発足など、聞いたこともなかった。大友柳太朗が相談した相手が悪かった。事務的なこと等まったく駄目、大たばでホラ吹きの三遊亭圓楽先輩だったんだもの……。

もうひとつのお話。これも去る日、九段の科学技術館のスタジオで、TBS系列のテレビ「3時にあいましょう」の収録があり、司会者の船越英二。「二人の鞍馬天狗」というコーナーに嵐寛寿郎丈と私がゲストで出演。早目に入って私がメーキャップ室でドーランを塗っていると、大友柳太朗丈が入ってきた。私ははてな？　と思ったが、「おはようございます！」とあいさつ。大友柳太朗丈も頭を下げてくださり、「やあ、久しぶりです。三日月党の小さん師匠はお元気ですか？」「今日はお出になるんですか？」「何だかね、急に頼まれましてな」

話しをしているうちに、今度は嵐寛寿郎丈がメイク室にやって来た。大きな声で、

「おはようおます！　寛寿郎です」

うしろの方でTBSのADさん達が駆けずり回り、室を出たり入ったりするようになり、一

『大江戸七変化』市川右太衛門と

人の若い子が大友柳太朗に耳打ちして、頭をペコペコ下げると、御本人は帰ってしまった。

あとで大笑いと大反省会になったが、時代劇にうとい若いディレクターは、黒覆面姿でピストルをかまえている嵐寛寿郎・鞍馬天狗と快傑黒頭巾の大友柳太朗の二人に声をかけてしまったのだ。せっかくなんだから鞍馬天狗と快傑黒頭巾のトークもやればよかったのにと、あとでつくづく残念だった。

余談だが、私が木久蔵時代に「笑点」で、「杉作、日本の夜明けは近い」を連発。大いにウケたもので、テレビCMもヒットしたのだ！　昭和四十七年十月の電通社内報に載っているが、〝レナウン　シリーズ肌着・鞍馬天狗編〟。このCMは、一九七二年ACCCMフェスティバルのコンクールでACC賞を受賞しています。エヘン！　シーンはレナウン肌着上下姿、覆面をした鞍馬天狗が人混みの横断歩道をゆく！　というもの。笑っちゃいますよね。

大友柳太朗丈というスターは、新興キネマで戦前に売り、戦中に召集を受けて満州を転戦。復員したのち、大映、東横映画、東映と移ってワキ役だったが、昭和二十八年、東映『加賀騒動』で主役にカムバック。以後、同社『快傑黒頭巾』や『新諸国物語　笛吹童子』の霧の小次郎役で大人気となった人。当時の東映で、片岡千恵蔵、市川右太衛門の御両人、若手の中村錦之助、東千代之介、大川橋蔵より稼いでいたというからスゴーイよね。

チャンバラ映画衰退とともにテレビに移り、一九八〇年のNHK連続テレビ小説「なっちゃんの写真館」にヒロインの祖父役で出ていたのを覚えている方もいますよね。

［魂］

丹下左膳
大友柳太朗
チョビ安
松島トモ子
木久扇

近衛十四郎

派手な見せる立回り・近衛十四郎

剣豪スター近衛十四郎について、その長男でやはり時代劇スターとして映画、テレビに出演作の多い松方弘樹は語る。

「近衛さん（父親を尊敬して松方弘樹はさん付けで呼ぶ）の立回りは、見せる立回りでした。たとえば新国劇の辰巳柳太郎おやじの立回りは見事なものでしたが、近衛さんのはもっと大きくて派手な、見せる、舞台映えするものでした」（ＮＨＫラジオ「わが人生に乾杯！」にて松方弘樹・林家木久蔵のチャンバラ映画のスターたち、平成十六年三月四日）

松方は父が近衛十四郎、母は女優・水川八重子という申し分ない血筋。物心つかないうちから「近衛十四郎一座」で全国巡業に付いいて歩き、演目の「国定忠治」「遠山の金さん」「森の石松」などの台詞《せりふ》をすっかり覚えてしまったと言い、ラジオではさっそく「国定忠治　名月赤城山」を披露。近衛十四郎そっくりのセリフまわしの上手さに私も司会者の山本晋也監督もびっくりした。

テレビ時代劇「素浪人月影兵庫」や「素浪人花山大吉」などを観て、近衛十四郎の立回りの速さにしびれてファンになったテレビ世代の人たちには、何故近衛十四郎が一座を組んで全国巡業しなければならなかったのか？　訳が分からないだろうから、説明しよう。近衛の時代劇映画スタートは、右

『叫ぶ荒神山』

太プロ（市川右太衛門主宰のプロダクション）の研究生。といっても、「御用！　御用！」と主役を引き立てる捕り手の役……。パッとしない若い頃を過ごしていたが、あるとき日活にスカウトされる。これが、役者として買われたわけではなく、野球が上手い（映画界きっての名ショートと評判だった）から、という理由だから人の運命はどこでどうなるか判らないもの。

そしてマイナーな亜細亜映画で初主演（『叫ぶ荒神山』〈昭和九年、白井戦太郎監督〉）。大都映画へ移り主演スターとして『宮本武蔵　決戦般若坂』（昭和十七年、佐伯幸三監督）などを撮って活躍するが、太平洋戦争が戦雲急を告げ、フィルム統制から、大都、日活、新興と合併することになり、大映（大日本映画）が誕生。永田雅一のラッパが鳴り響き、大映に阪妻、千恵蔵、右太衛門、嵐寛が一社に結集してしまったから、さぁ近衛十四郎の出る幕なんかなくなってしまう。やむなく一座を旗揚げして、全国をめぐることになる。

戦後に実演組の映画復帰が続く中、近衛十四郎のカムバックは遅かった。

私が初めて観た近衛十四郎は松竹京都作品の『八州遊俠傳　白鷺三味線』（昭和三十年、岩間鶴夫監督）。主役の高田浩吉の同名の歌が大ヒットしたが、高田浩吉の不器用な立回りと対照的な、息もつかせずに相手を斬って行く速い剣の近衛に、少年だった私は喝采を叫んだのだ。

そして私はファンになり近衛十四郎から目が離せなくなった。

松竹の殺陣師・川原利一は言う。

「近衛さんの剣は、非常にセッカチというか、まだカラミがかかってきていないのに、自分の方からかかってゆく。聞いてみると舞台の影響からだという。カラミが次から次へとかかってきてくれれ

『八州遊侠傳　白鷺三味線』島崎雪子、高田浩吉、近衛十四郎

ばいいのだが地方巡業のレベルではそうはいかない。そういう弱点をカバーするため、自然と主役らしくない殺陣になるのだ」（読売新聞夕刊・よみうり演芸帳「殺陣」より）

普通、舞台で役者が使う刀は、腕を下げている場合、握っている刀の剣先が板に付かないものを用いるが（八十センチの長さぐらいのもの）、近衛が好んで使ったのは長い刀（八十五センチの刀を注文して使用）で、長い方が舞台で映えるし、凄みが出る。

浪人ものの作品が多い近衛だが、よく立回りで剣さばきが下から上へ斬り上げるシーンが多いのも舞台映えということを計算して得た経験からだと言う。

北野武が監督・主演の『座頭市』(平成十五年)の殺陣逆手《さかて》斬りのルーツが、勝新太郎の『座頭市』シリーズからとったものだと思い込んでいる時代劇ファンが多いが、どっこい逆手斬りは勝新太郎が編み出したわけでも何でもなくて、そのとっくの昔に近衛十四郎の立回りで演じられている(なお、『座頭市　血煙り街道』〈昭和四十二年、三隅研次監督〉では二人のダイナミックな対決シーンがある)。

松竹専属時代の近衛十四郎のシリーズに『柳生十兵衛』もの(のちに東映に移籍してからもシリーズでヒット)があるが、松竹京都作品の柳生十兵衛『柳生旅日記　竜虎活殺剣』(昭和三十五年、萩原遼監督)で披露された。それは後ろから斬りかかってくる浪人者・森美樹(松竹で将来を期待されていた新人だが事故死)の刀を、逆手に抜いた刀でチャリンと受け止め、逆手のまま闘うという剣法を創作。そのうえ逆手で二刀流を遣うという立回りもやった。

東映時代の近衛十四郎の最高傑作は『十兵衛暗殺剣』(昭和三十九年、倉田準二監督)。湖賊の頭・大友柳太朗との水中一騎討ち。近衛の主張していた息もつかせぬ一対一の対決ドラマだった。

[刃]

独眼一刀流
近衛十四郎
木久蔵

黒川弥太郎

「お武家様然」とした顔が大好きだった時代劇スター・黒川弥太郎

なにしろ木久扇は、小学五年生の時に国鉄（現ＪＲ）中央線・西荻窪の北口商店街の実家（雑貨屋）のななめ向いにあった西荻館で、夏休みにアイスキャンデー売りのアルバイト少年だったくらいだから、顔パスでタダでいくらでも映画を観ることができるいい身分だったのだ。

チャンバラ映画が大好きだった。今回は私の思い出として、ワキ役ながら輝いていた役者さんのことを書こう。

黒川弥太郎。まず、映画界入門の動機が変わっている。

幼い頃に亡くなった父が、新国劇の祖、沢田正二郎にソックリだと言われていたことから、横浜市役所の職員から新国劇入り（昭和八年）。芸名の由来は、子母沢寛原作の「弥太郎笠」より長谷川伸が名付け親。本名・黒川清隆の黒川に弥太郎を重ねたわけだ。

昭和十年、片岡千恵蔵に代わるスターをさがしていた日活へ、文藝春秋の鈴木氏亨氏のスカウトで入社した。

戦時に召集され、陸軍軍曹だったくらいだから軍人役が似合う。デビュー作は『髑髏飛脚』（昭和十年、志波西果監督）で、爽やかな風貌で人気を集めた。『ハワイ・マレー沖海戦』（昭和十七年、山本嘉次郎監督）や『加藤隼戦闘隊』（昭和十九年、山本嘉次郎監督）などで好演したというが、いずれも未見である。『加藤隼戦闘隊』はＤＶＤ化されているというので、私は目下、神田古本屋街でさがしている。

戦後、東宝ストライキの余波で、新東宝立ち上げに加わり、新東宝時代劇で気を吐いた。

私が少年時代に見た「又四郎行状記」（『神変美女峠』『神変美女峠　解決篇　又四郎笠』〈共に昭和二十六年、萩原遼監督〉）では、主演の黒川弥太郎にからむ敵役が大友柳太朗。この顔合わせは珍しい。

また、昭和二十五年の新東宝では『若さま侍捕物帖　謎の能面屋敷』（中川信夫監督）では若さま侍が黒川、船宿の娘の香川京子がキレイだったたし、なんと能面師の下手人が柳家金語楼で、異色なキャストであったと覚えている。チラシの文句が「小唄まじりで謎を解く、江戸の人気者若さま侍初見参！」となっていた。

だから、のちに東映で大川橋蔵の若さま侍がシリーズになるよっぽど前に、黒川弥太郎の若さま侍がいたわけだ。

そして昭和二十六年、松竹作品の我らが鞍馬天狗！　アラカンの『鞍馬天狗　鞍馬の火祭』（大曽根辰夫監督）に、ニセ鞍馬天狗として黒川弥太郎が対決する！　嵐寛寿郎に一歩もヒケをとらぬ敵役で、しかも鞍馬天狗より剣が強い！

杉作が美空ひばり、黒姫の吉兵衛・川田晴久。ラストシーンは鞍馬山の火祭りの中、両雄が対決。黒川弥太郎の剣技がさえていた！

『續砂繪呪縛　雪女郎』

黒川弥太郎
"若さま侍捕物帖 謎の能面屋敷"
木久扇

黒川弥太郎は各社に出演したが、やはり昭和二十七年以後の大映作品が多い。次第に大河内傳次郎や長谷川一夫の脇に回るようになり、『花の白虎隊』（昭和二十九年、田坂勝彦監督）でデビューし、人気スターとなってゆく市川雷蔵、勝新太郎を支え、梅若正二の『赤胴鈴之助』（梅若版は一話から七話まで。昭和三十二、三十三年、加戸敏、安田公義、森一生監督）では師の千葉周作になって若手を盛上げている。

昭和三十三年の大映オールスター『忠臣蔵』（渡辺邦男監督）では、幕切れの両国橋のシーンで、泉岳寺に引揚げようとする四十七士を馬上から押し留めて、「御一行に申し上げる。永代橋に回ればお咎めはないぞ！」と教えさとす公儀目付・多門伝八郎の役は柄にあって秀逸であった。

大映時代の黒川弥太郎は、ラッパと呼ばれていた永田雅一社長のお気に入りで、政界とパイプのあった社長に、選挙のたびに政治家の応援

演説を頼まれていたという。黒川弥太郎は美声で見栄えがするという理由だ。

昭和三十四年に大映から東映に移る。その頃、東映は社内に〝第二東映〟という製作・配給の会社を発足させた。東映の時代劇が充実して、自社の系統だけでは市場が飽和点に達したため、別の系統を作った。「日本映画界の収入の半分は、東映がいただく」と、当時の大川博社長は豪語した。

それにはスターが足りない。東宝から鶴田浩二、松竹からは高田浩吉、近衛十四郎、新東宝が若山富三郎、そして大映の黒川弥太郎と補強されたわけだ。

第二東映『次郎長血笑記』二部作（昭和三十五年、工藤栄一監督）の清水次郎長は、本スジものの片岡千恵蔵の次郎長とは一味かわった清水一家もので、黒川次郎長はハツラツと生き生きとしていて、みつけものの作品だった。

しかし、その第二東映も結局は本家の東映と共喰い状態になり、外にテレビの攻勢をうけ、内には企画のマンネリ化と、スターの高齢化がすすんで、（「ニュー東映」と名を変えたが）一年あまりの短命に終わった。

黒川弥太郎は東映でももっぱら若手を助ける側に回って活躍。『江戸ッ子肌』（昭和三十六年、マキノ雅弘監督）で大川橋蔵、『次郎吉ばやし　千両小判』（昭和三十年、大西秀明監督）では里見浩太朗の助演など。

いかにもお武家様然とした、時代劇の黒川弥太郎の顔立ちが、私は大好きだった。

［魂］

三船敏郎

快男児・三船敏郎

戦後、復員した三船がカメラマンを希望して東宝に送った履歴書が、第一期ニューフェイスの応募書類に紛れ込んでしまった。仕方なく仏頂面して面接に行った三船は、ふてぶてしく、態度が悪かった。審査員の長谷川一夫、大河内傳次郎、高峰秀子、田中栄三監督ほか、そうそうたる顔ぶれが三船を不合格にし、ただ一人、山本嘉次郎監督だけが「変わった奴だ」と補欠合格にした。

山本監督は自著の中で〝「あなたの今の職業は?」「クリームです」「化粧品ですか?」「そうじゃないんです」「じゃ、なんです」「シュークリームです」「それなら菓子屋じゃないですか」「いや、靴のクリームです」これが私と彼との一問一答だった。〟(「春や春カツドウヤ」日芸出版刊、昭和四十六年)と面接の様子を書いている。

クツはシューズでそのクリームだからシュークリームとは、三船は復員兵のアルバイトで靴磨きでもやっていたのかしら。

昭和二十二年映画界入りした三船敏郎は山本嘉次郎の愛弟子・黒澤明との出会いで大きく開花。二人による時代劇の名作『七人の侍』(昭和二十九年)『用心棒』(昭和三十六年)『椿三十郎』(昭和三十七年)のヒットはご存じの通り。

[刃]

三船敏郎
木久蔵

日本が誇る「世界のミフネ！」

平成五年の秋、世田谷区在住の文化人懇親会が、世田谷・大場区長の音頭とりにより、駒沢の三越迎賓館で開かれた。私が会場に着くと庭園の中央に令息・史郎氏を伴って、三船敏郎さんが立っていた。大ファンの私は駆け寄って頭を下げた。

「スピルバーグ監督の『１９４１』（昭和五十四年）では古今亭志ん駒さん、残念でした……」

「………」。三船さんが首をかしげる。

かいつまんで話をすると、１９４１年日米交戦中に日本の潜水艦が、ニューヨークを攻撃するという想定で、米国民がパニックになるというストーリーで、その潜水艦艦長が三船敏郎さん、そして下士官が古今亭志ん駒というキャスティング。テレビ時代劇「大江戸捜査網」出演で三船プロに通っていた志ん駒のキビキビした芝居を気に入った三船社長の推薦で大抜擢だったのだ。が、誠実な古今亭志ん駒は、新宿末廣亭夜席の出演が決まっているので、ハリウッドには行けません、と断ってしまったのだ。

世界的なスピルバーグ監督作品に、三船敏郎と共演出来て、国際スター誕生になったかもしれないのに……。寄席の出演が理由で辞退するとは……。大いに話題だったのだが、三船敏郎さんは私の顔をしげしげと見て……、

「そうでしたかな」と一言だけ。

そういえば、三船もジョージ・ルーカス監督から『スター・ウォーズ』（昭和五十二年）のダー

ス・ベイダー役をオファーされて断っているから面白い。

三船敏郎と組んで数々の名画で世界に名を馳せた黒澤明監督は『椿三十郎』の三船の殺陣について語っている。

「殺陣のシーンの編集をしていたら、コマの中に三船の刀が写っていない。あまりにも速すぎるから、写らないんだ。もし刀を使った殺陣のオリンピックがあったら、間違いなく、三船が金メダルをとるだろうね！」

三船の時代劇に共演した女優・司葉子は言う。

「三船さんが立回りして戻ってくると、肩から呼吸していて、ぜいぜい、ぜいぜい息があがっているの。本当に人を斬ってきたみたいね……」

と、そのリアルな殺陣にびっくりしている。

故人になられた漫画家・うしおそうじ氏から、以前、軍隊時代の若き三船敏郎像を聞いた。ある日の夕方、初年兵が欠礼を理由に他中隊の下士官につかまり、往復ビンタされたうえ、ネチネチと衆目の前で晒し者になっていた。

そこに内務班古参兵の三船敏郎が現れる。

「やい！　いい加減にしろい！」と、下士官に食って掛かった。

「何だ、貴様は上等兵じゃないか？」

「おう、それがどうした。こんなもん関係ねえ！」と襟の階級章をメリメリと引き千切り、

「そっちもそれを取れ！　人間対人間でいこうぜ！」と、眼光鋭く、悽愴な面魂で迫り、下士官をボコボコにしてしまったという。

召集されて入隊したうしお氏の滋賀県八日市の第八航空教育隊に三船古参兵がいたのだと話された。

彼の軍隊への反骨精神は、隊内伝説として語り継がれたそう。

……すごいなあ！

［刃］

三船敏郎
ツラでメシをくうのはいやです
役者になる気はありません！
木久扇

仲代達矢

映画少年・仲代達矢

昭和三十七年正月映画として封切られた東宝作品の『椿三十郎』は大ヒットし、王国として君臨していた東映を粉砕。三十郎ショックは大きな衝撃となって以降の時代劇映画の方向を変えて行く。その『椿三十郎』でラストの三船敏郎の三十郎対、仲代達矢の室戸半兵衛の意表を突く革命的な対決のシーンはどういったものだったのか……。

「三船さんがどういう手でくるのか、僕はまったく聞かされていなかったんです。三船さんと一緒の稽古は全くなしです。台本にもあの決闘シーンは〝とても文字には出来ない〟なんて書かれているでしょう……」（「十五人の黒澤明　出演者が語る巨匠の横顔」〈仲代達矢〉ぴあ、平成十七年）

「撮影の半月ほど前に、居合い抜きの先生を紹介されて、〝狭い厠《かわや》で襲われたときに刀をどう抜くか〟というテーマを与えられました。でも、いろいろ悩んだあげく、狭い場所では刀を横に抜く事は出来ません。となると真上に抜くんじゃないか、と居合の先生と考えたわけです。スパッと上に抜いて、素早く鞘に納める。その一瞬の動きをみっちり稽古しました」（川本三郎「時代劇ここにあり」〈仲代達矢対談〉平凡社、平成十七年）

御殿場での撮影はリハーサルなしで始まった。仲代達矢は衣装の下に鉄の肺みたいなものを付け、そこにホースを通された。それは十メートル先の、NG用も含めて十本くらい置かれたボンベまで伸びている。

仲代達矢は自分が斬られるのだけれど一体何が始まるんだか判らない。二十秒の三十郎とのにらみあい、仲代演じる室戸が刀を真上に居合い抜きする、と、すごい圧力がドン！と来てあたりが真っ赤になる量の血のりが噴き出し、逆光にキラキラ反射した。

このときの血のりは五メートルも吹き上がり、見守っていた若侍役の田中邦衛ほか八人は、思わずウオーと声が出て、三船敏郎自身、仲代達矢本人を斬ってしまったと思ったという。

室戸の右手が刀を振り上げると、胸元に空きができる。三十郎は左手で刀を抜き、切っ先が下を向いたまま室戸の胸に押し当て、右手の拳で刀の峰を押さえて室戸の胸を斬り裂く、というのがこれも一人で殺陣の稽古に励んでいた三船の剣法だった。三船は刀身を短くして速く抜く工夫をしていた。シーン終了後、スタッフから現場に拍手がおこり、黒澤明監督から一発でOKが出た。

黒澤監督は「三船君だけが強くても面白くないんだ。大体、主人公だけ強くて他は弱い映画ってつまらないよね」と言って、三船と同等の剣の達人ということで、「仲代の顔を真っ黒にしてくれ」とメイク担当に依頼。脇まで禿げ上がったカツラをつけさせて「なんだこれは。タコ入道だなあ。でもこれでいいんだ」とも言っていた。仲代は恥ずかしくて仕方がなかったという。

黒澤監督は殺陣ばかりではなく、前作の『用心棒』では、人を斬ったときの残殺音を音響効果のスタッフ三縄一郎に工夫するように依頼。羽をむしった鶏を丸ごと使い、割り箸を何本かさしてこれを斬る。その乾いた音に重ねて、濡れ雑巾を叩き付けた音をダブらせ、首を斬ったり腹を斬ったりと、いろん

仲代達矢
"用心棒"
木久蔵

な種類の音を用意して、ぐっと殺陣をリアルにしたという本物指向。

三十六年の『用心棒』のピストルを持ちマフラーを巻いた三十郎の敵・卯之助役は三橋達也だったのが、仲代達矢が抜擢された。黒澤監督は当初「ぼくは仲代は嫌いだ」と言っていたという。それが、チーフ助監督の森谷司郎に勧められて、仲代達矢主演で話題だった『人間の條件』(小林正樹監督)を観て来たとたん、〝この役は仲代君でどうだろう〟となった。仲代達矢二十九歳のときだ。

『用心棒』のラストも三十郎の三船と、やくざの卯之助の仲代が、凄い。

短銃対出刃包丁、勝負の鍵は一瞬混乱させられた仲代の短銃。走る三十郎が投げた出刃包丁が仲代の右手に刺さる。斬られる卯之助。望遠レンズを使った殺陣はものすごい迫力を生んだ。

仲代達矢はいろいろな役を演じるのに「十代の頃に観まくっていた洋画、邦画が引き出しになっていて、だからヘンリー・フォンダになったり、ゲーリー・クーパーになったり出来るんです」と言う。

映画少年だったところだけ、私とそっくりだ。

［刃］

鶴田浩二

現代劇・時代劇・任侠映画、そして歌う大スター

鶴田浩二は晩年、東映・やくざ映画のスターだった人だが、戦後松竹三羽烏として売り出した（他に佐田啓二、高橋貞二がいて二人共々交通事故で亡くなった）のが始まりで、新東宝へ移り『ハワイの夜』（昭和二十八年、松林宗恵／マキノ雅弘監督）、『弥太郎笠』前後篇（昭和二十七年、マキノ雅弘監督）でブレイク。その後東宝へ行き「武蔵と小次郎」（『続宮本武蔵　一乗寺の決闘』〈昭和三十年、稲垣浩監督〉、『決闘巌流島』〈昭和三十一年、稲垣浩監督〉）、『戦国群盗伝』〈昭和三十四年、杉江敏男監督〉、また『眠狂四郎』ものも撮っている。東宝といえば、時代劇でも気を吐いていたのだが、『天なんと言っても三船敏郎だったから、両雄並び立たずということで、鶴田浩二は大映へと転進し、『天童しぶき笠』（昭和三十三年、渡辺邦男監督）など股旅ものに主演したり、長谷川一夫主演の『忠臣蔵』（昭和三十三年、渡辺邦男監督）に岡野金右衛門で助演したりしていたが、大映時代はあまりパッとしなかった。

中学三年生、十五歳だった少年の私は、杉並区西荻窪にある三番館（一般公開後の作品を上映する映画館）の西荻館で、新東宝映画の時代劇『弥太郎笠』前後篇のチャンバラシーンを観てびっくりし

『弥太郎笠』

鶴田浩二
弥太郎笠
木久扇

た。主人公やくざのりゃんこの弥太郎（鶴田浩二）が、藪の中で、悪貸元の子分に狙われ多勢の敵と闘いながら、相手を斬り、歌を唄っていたのだ！

♪よ〜せよ世の中うらむは愚痴よ

〝「野郎！　エイッ！　バサリ！」〟

♪いきに横っちょに三度笠

〝「くたばれ」「やッ」バサリ！〟

昔は殺陣のことを凝斗と言っていたが、かりに芝居だとしても、人を斬るのは殺人である。それを鼻歌まじりに、青竹もろとも斬り捨てるというのも、少年だった私には納得がいかなかったし、歌のラストに

♪何故か気になる　アーアー　顔　ひと〜つ。

と、サゲまでついて恋人を想うなんぞは、とてものことに主人公は大変人であって、このチャンバラシーンから、私の頭の中に、鶴田浩二像がくっきりと刻まれた。

鶴田浩二の生涯には、ずっと戦時中の体験が影を落としている。

大正十三年、浜松生まれ（本名・小野榮一）、父親は渡世稼業の人で、幼いときに両親は離婚。榮一はおばあちゃんに育てられた。普通、孫として甘やかし放題に育てられると、内向的で地味な子に育つのだが、彼は硬派で喧嘩が強かった。

たとえば大阪で下宿して此花商業学校に通学の時代、映画館でガンづけ（眼をつけられること）さ

れ、外に出て十数人を相手に大喧嘩。一人ではとうてい勝ち目がなく、下駄でさんざん殴られて川に放り投げられたなど、伝説が残っている。

関西大学専門部へ進むが、学徒出陣、昭和十九年横須賀第二海兵隊へ水兵として入隊。終戦時の八月には海軍航空隊へ水兵として入隊。予備士官だったのだから硬派中の硬派。

軍人として、死を決意していた小野青年は、死なずに終戦を迎えた。そしてそれが、鶴田浩二が一生背負う影となる。

大スターになってからも鶴田浩二は黙々と働いては、巨額の私財を使って戦没者の遺骨収集に尽力し、日本遺族会にも莫大な寄付金をして、この活動が政府を動かし、ついには大規模な遺骨収集団派遣につながったのだからスゴイ！

生涯を通して、亡き戦没者への熱い想いを貫いた。本当に、男の中の男です！

旅興行の高田浩吉劇団に弟子入りし、師の紹介と大曾根辰夫監督の紹介で映画界入り。以来、松竹、新東宝、東宝、大映、東映と、スター街道をすすみ、サラリーマンからヤクザまで役をこなし、任侠映画で東映を支える。

鶴田浩二は高倉健らの後輩役者を「馬鹿だ」、「ズブの素人だ」とこき下ろしていた。

高倉健「やりたかねえけどよう、先輩もいい加減にしてもらわねえとな、許せねえんだ」

鶴田浩二「本（台本）も頭に入れてねえで、立ち稽古や現場に来る奴が役者ヅラするな！　ズブの素人もいいところだ」

高倉ら三人に大泉の撮影所裏に呼び出されたときも、意地もある鶴田は挑発を続けた。取っ組み合いの末、吹っ飛んだのは鶴田。

当時撮影所の所長だった岡田茂氏が、「小説高倉健　孤高の生涯　上下」（株式会社音羽出版、平成二十七年）の著者・嶋崎信房氏に語った話だ。

過日、私ども家族三人で、市川猿之助が舞台で大怪我をして、その代演、尾上右近のスーパー歌舞伎セカンド「ワンピース」を新橋演舞場へ観に行った。ヒットマンガが原作の、キレイで愉快な海賊もの。そして代演の尾上右近の、のびのびとキビキビした芝居に堪能したが、芝居通の私のおかみさんから聞いて驚いた！

「お父さん、右近さんって、鶴田浩二さんのお孫さんよ！」

「え　えッ！」

なんと、目の前で気持ち良さそうに「ワンピース」を演じている役者が鶴田浩二の血筋とは！

来歴によれば、尾上右近の母方（岡村矢尋）の祖父が、昭和を代表するスター鶴田浩二。彼は歌舞伎界の新鋭であり、踊り、女形に定評有り。

清元宗家の家に生まれながら、幼い頃、清元宗家の曾祖父の映像「春興鏡獅子」に魅せられ、役者を志望で子役を経て、七代目・尾上菊五郎のもとで修業を積む……と、もう大スジ鉄《ガネ》入りだ。

彼の趣味が観ること、唱うこと！　祖父の「同期の桜」も唱うのかしら、俺は歌舞伎と清元の二刀流、よっ！　芸界の大谷選手！

［魂］

人生劇場
飛車角
鶴田浩二
木久扇

鶴田浩二
木久扇

若山富三郎

柔軟な身体、豪放な剣・若山富三郎

以前、『子連れ狼』の原作者・小池一夫さんに出版社の新年会でお会いしたので、前から気になっていたことを単刀直入にたずねてみた。

「東宝の『子連れ狼』は勝プロで、若山富三郎の拝一刀《おがみいっとう》ですよね。サマになってましたし、立回りも迫力ものでしたが、ちょっと太り気味で……。私の拝一刀のイメージでは天知茂が一番原作のキャラクターに近いと思っていたんですが」

「あ、あれはね、若山さんが〝俺にやらせろ〟って僕の家へたずねてきてね。いきなり庭でトンボを切って、こんなに身軽で殺陣にも自信があるんだから俺にやらせろって言うんでね、彼に決まったわけ」

一九六〇年代の『座頭市』ブームのあと、七〇年代になって若山富三郎の『子連れ狼』シリーズが人気だった。ほとんど原作に忠実な画面構成（画・小島剛夕）の絵コンテで、映画はオープニングからラストまで、血が噴き出る、首がとぶ、頭がまっぷたつに斬られる、さらに足の太ももが大根のように両断されるのだ。また若山富三郎の一刀は柔軟な身体の動きと豪放な剣のふるまいで、白刃を手で挟み込んでひねり、大なぎなたで敵を皆殺しにするなど、息をのむシーンの連続だった。弟の勝新太郎の方も原作・小池一夫の『御用牙』シリーズを同じく東宝で製作したが、主人公・かみそり半蔵

若山富三郎
木久蔵

は若山の拝一刀に迫れなかった。

映画の『子連れ狼』シリーズは六作ある。『子連れ狼　子を貸し腕貸しつかまつる』、『子連れ狼　三途の川の乳母車』、『子連れ狼　死に風に向う乳母車』（以上昭和四十七年、三隅研次監督）、『子連れ狼　親の心子の心』（昭和四十七年、斉藤武市監督）、『子連れ狼　冥府魔道』（昭和四十八年、三隅研次監督）、『子連れ狼　地獄へ行くぞ！大五郎』（昭和四十九年、黒田義之監督）。以上、勝プロの作品だ。

身軽な剣豪・若山富三郎には、私の大好きな逸話がある。勝新と若山は子供のころから長唄三味線で競い（父が家元・杵屋勝東治）、御簾《みす》の陰から歌舞伎の舞台を観ては、浜町公園の砂場でトンボを切る練習をしていた。のちに映画界に入って、なかなか芽の出なかった若山は、生活のため日銭の入る実演の一座に一ヶ月くらい参加した。大江美智子一座に客演したこともあるし、熱海のレストランシアターに出演したこともある。旅の一座はお客様へのサービスが一番。台本通りやらなくてもよく、何でもあり。このときの若山の売りは立回りとトンボを切ること。

「客席からリクエストがあれば『座頭市』のソックリさんをやったり、あのでっかい身体で舞台衣装をつけたままトンボを切る。ストーリーと関係ないところで突然それをやるから、観ている方はあっけにとられ、そのあとでワーっと沸く。ある時、弟の勝新が若山の舞台を見学して楽屋をたずねてきて言ったという。〝お兄ちゃん、あそこまで客に媚びないでよ。吉良の仁吉がトンボは切らないよ〟」（江本弘志「㊙私の昭和映画史」東京図書出版会、平成十四年）荒神山の大喧嘩の最中、吉良の仁吉がトンボを切ったら、さぞ敵も味方もビックリしたことだろう。

「黒い花びら」でレコード大賞をとった、低音が魅力の水原弘は、勝新の弟分になりずいぶん影響を受けていた。酒はレミーマルタンのみ、取巻きをたくさん連れて毎晩高級クラブをハシゴ。ついには勝新同様借金だらけになり、撮影所にまで債権者が大勢押し掛けてくるから逃げ回っていると、この様子を見ていた若山が「おミズ（水原のこと）、大分困ってるようだな、よっしゃ！　俺が蹴散らしてやるからまかしとけ！」と言って小道具のピストルを数丁ベルトにはさんでノッシノッシと個室を出る。「先輩！　頼りにしてます！　この通り」水原は拝んで頭を下げて見送る。かなりの時間がたったが、債権者達は一向に立ち去る気配がない。

「蹴散らしてやる」と言った若山富三郎は、そのまんま撮影所の門をくぐって宿へ帰っちゃったらしい……。

［刃］

華のあるスター　若山富三郎

今や昔の噺になる。

私が林家木久蔵時代、ＮＨＫテレビの夜番組で週一で「富三郎の談話室」が放映されていた。昭和五十五年頃のことだ。

担当の黒河内プロデューサーという女傑の方がＮＨＫ演芸班にいらして「長屋の小噺」を三つ位番組のはじめにやって下さいという依頼で、私はワクワクして出演させていただいた。しめた！　大好きな若山富三郎に会える！

スタジオの本番に入る前に控え室にあいさつに行き、丁度若山富三郎が出演していた東映の大作『大日本帝国』（昭和五十七年、舛田利雄監督）を「観ました」というと「どうでしたか？」とたずねられた。

「よく作戦会議のシーンが出てきましたが、あれは全体の流れの司会なんですね……」

「なるほど、なるほど」と感心してくれた。

その夜の収録で、若山は袴をつけ小太刀を構え、広いスタジオの端から遠く、ななめから胸をめがけて飛んでくる弓道の達人の射込む矢を、五本たたきつけ、たくさんの見学者から拍手がわいた。実戦ではないにせよ、正面から見れば点となっている速さの矢を、小太刀で払うワザは至難だ。あの時みた私の心の衝撃は忘れない。

『座頭市』の勝新太郎とは実の兄弟で兄にあたる。弟の勝新太郎は酒豪なのだが、兄の方はアルコールはひとしずくも飲めない。若山をおやっさんと呼んで敬愛している後輩の山城新伍がブランデーの入ったチョコレートをプレゼントしたら、それを一個食べて階段から落ちた（山城新伍「おこりんぼ　さびしんぼ　若山富三郎・勝新太郎無頼控」廣済堂文庫、平成十年）という伝説がある位だ。

昭和二十九年に勝新太郎は大映に入る。兄の富三郎は昭和三十年新東宝に誘われる。気がすすまな

『座頭市千両首』勝新太郎と

いのでギャラは一本三十万円、ハイヤーの送迎つきとふっかけるとあっさりＯＫ。断れなくなり、いやいや入社したという。昭和三十一年、私が乳業会社に入社して、初任給が五千五百円だったから、三十万円の値打ちはすごい。新東宝時代劇の代表作に『人形佐七』シリーズ（このシリーズは東映でも撮る）がある。

弟の勝新太郎の方は、やがて『座頭市』『兵隊やくざ』『悪名』等のヒットで市川雷蔵と並んで大映のスターへと登りつめるが、兄若山富三郎の方は新東宝、東映、大映と移り城健三朗と改名して弟の『座頭市』作品に出たりしたがサッパリで、東映へと戻る。そして兄の方が今度はすごい開花ぶりをみせるのだ。

東映は時代劇を捨て、任侠路線にすすむ。着流しのやくざ映画、鶴田浩二、高倉健の時代となり、そこへ脇役で存在感を示した若山富三郎が加わる。

若山の人気シリーズ（東映復帰初主演作）『極道』が始まる。第一作が昭和四十三年、山下耕作監督で、清川虹子との顔合わせが面白く、大ヒット。この年、『極悪坊主』、熊虎が印象的な『緋牡丹博徒』、『前科者』シリーズなどが始まり、一気に大スターに……。

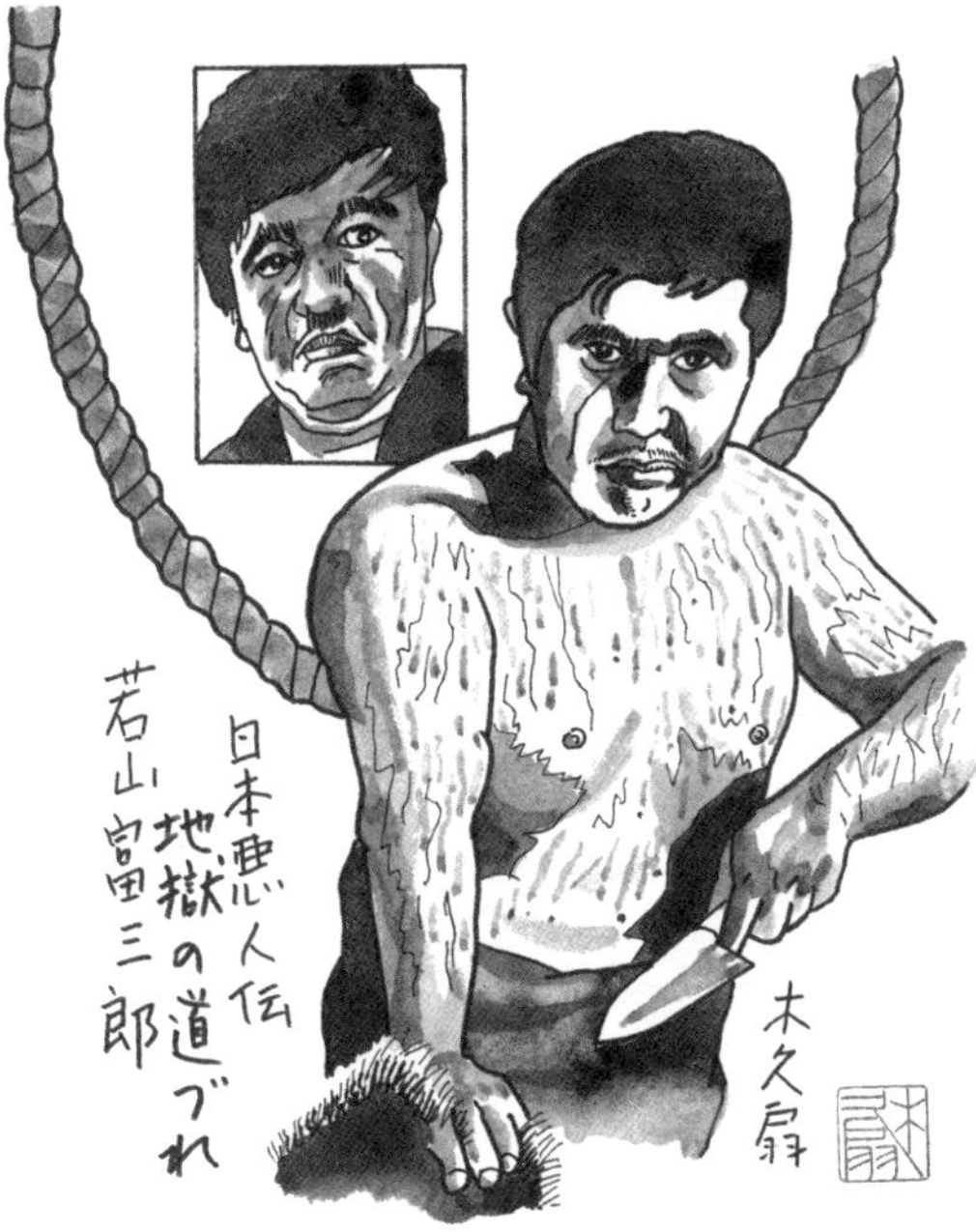

『人形佐七捕物帖　浮世風呂の死美人』水原爆と

人形佐七
若山富三郎
木久蔵

人形佐七
捕物帖
「大江戸の丑満刻」
宇治みさ子
若山富三郎
木久扇

が、私は着流しもの、東映作品はあまり観ていない。リアルすぎて怖いし、血を吹くシーンがイヤで、やっぱり時代劇の若山富三郎のひいきなのだ。

不思議なことに劇画「子連れ狼」の血がドバッ！　なら私は許せるのだ。

東宝映画、勝新太郎プロダクション制作の「子連れ狼」六部作はスゴイ！　読者諸兄、この映画の若山富三郎の殺陣はスゴイ。拝一刀の神となって権力と斗う！　この作品を観ないで死んでは損をする。大ヒットした富三郎の拝一刀！

第二作『三途の川の乳母車』（昭和四十七年、三隅研次監督）は女忍者が一刀を狙い、娘巡礼が持った笠がブーメランみたいに飛んできて一刀のまげをわずかに斬る。小川の流れで大根を洗っている百姓娘が、いっせいに大根を投げるとそれが刀、股間から忍び刀を抜き出したが、どこに隠していたか気になった。女たちの腕が飛び首が転がる。胸に乳母車に仕掛けてあった大長刀がグサリと刺さり、滝のように血が噴き出す（永田哲朗「殺陣チャンバラ映画史」社会思想社・現代教養文庫、平成五年）。

このような殺ばつなシーンを、救ってくれるのが愛らしい一刀の愛児・大五郎のつぶらな瞳で、なおさらに立回りのすごさを引き立たしている。

それと、もうひとつ立回りに新しさを加えたのが原作者小池一夫による乳母車の工夫だ。映画『007』よろしく車の柄ははめ込み式でつなげれば大長刀になるし、フタがひらく鉄製なので弓矢、鉄砲から身を守る。その上連発銃の仕込みもあるから、複数の敵がなぎたおせる。小島剛夕の原作本の絵はそのあたりもリアルで原作本の方も申し分ない。

拝一刀の若山富三郎の迫力！　水鴎流波切りの太刀、スゴイぞお！　［魂］

中村錦之助

男が惚れる漢《おとこ》！　萬屋錦之介［中村錦之助］

萬屋錦之介がデビューしたのが昭和二十九年、芸名は中村錦之助で、東映時代は中村錦之助で売った。初めての出演、主役作は松竹映画（製作・新芸術プロ、配給・松竹）『ひよどり草紙』（内出好吉監督、美空ひばりの相手役・美剣士　筧燿之助）。

そして昭和二十九年、錦之助は新東宝作品に一本出演（『花吹雪　御存知七人男』〈斎藤寅次郎監督〉）ののち東映入社。ところで、そのきっかけが面白い。東映のマキノ光雄は映画の企画をたてるとき、京都元誓願寺通堀川西入ルに住む元住職の名古恵信に、作品が当るか、凶か、占ってもらっていた。昭和二十九年一月「今度はどんなシャシン撮ったらよろしいやろか」とマキノが聞くと、密教の杖をシャーッと振った名古が「笛吹くボンさんの話を、おやりやす」と答えた。「役者、いますやろか？」と問うと、再び「ヤアーッ」と杖を振って「丑寅《うしとら》におまっしゃるやないか」。

名古の家から丑寅の方角は、松竹下加茂撮影所にあたる。その時マキノと同行していた脚本家・観世光太は松竹にも出入りしており、「中村錦之助のことじゃあないんですか！」と叫ぶ。ちょうど『ひよどり草紙』の撮影中。マキノはすっかり乗り気で「よっしゃ！　錦之助でいこう」。ついてはボンさんの話を探さなくては……。その当時、ＮＨＫラジオの連続放送劇「新諸国物語」が大人気。その主人公が菊丸という面作りなのだが、笛吹童子と呼ばれるほどの笛の名人。「これだッ」と一発で決まり、中村錦之助の東映入社第一回出演作は昭和二十九年四月封切の『笛吹童子』三部作（萩原遼監督）。映画は子供向けの、ジャリすくいと呼ばれた一時間足らずの連続時代劇だったが、併映の本篇、千恵蔵の金田一もの『悪魔が来たりて笛を吹く』（松田定次監督）と公開され「どちらも笛を吹くとは面白い」とウケて爆発的なヒットとなる。この作品こそ、東映連続冒険時代劇のモニュメントとなったからスゴイ。

そして、錦之助の笛吹きボンさんで、兄弟役でコンビを組んだ東千代之介も、さらに錦之助とコンビを組んだ『里見八犬傳』（昭和二十九年、河野寿一監督）などで、東映若手時代劇スターとして売り出してゆく。

さて、中村錦之助の殺陣の想い出は、二刀流が遣えるスターとして抜群で、他に二刀流が巧みだったのは嵐寛寿郎くらい。

昭和三十一年八月の『青年安兵衛　紅だすき素浪人』（河野寿一監督）で初めて錦

『笛吹童子　第二部　妖術の闘争』

中村錦之助
時代
笛吹童子

『里見八犬傳』

里見八犬伝
中村錦之助
木久扇

之助は二刀流の立回りを演じたが、二刀流は見た目には派手だが演《や》ってみると大変。大きな鏡の前で演ってみるのだが、手旗信号みたいになってしまう。そこで彼が考案したのが、両手を交錯させながら大小の二刀を同時に引き抜くやり方。スピーディにではなく、ややゆっくり抜くとリアル感が出た。（萬屋錦之介「わが人生悔いなくおごりなく」東京新聞出版局、平成七年）

他にも堀部安兵衛が高田馬場に駆け込んできて、敵をハッタとにらみつけ二刀を抜く。走っているのがいきなり止まるのでその瞬間に小石が足に痛かったそうだが、真に迫る錦之助の二刀流の剣技は「すばらしい殺陣だった！」と新聞に激賞された。

翌年春に撮った『源氏九郎颯爽記　濡れ髪二刀流』（加藤泰監督）も二刀流が絡む映画で当り、錦之助の二刀流はさらに名監督・内田吐夢と組んだ『宮本武蔵』五部作（昭和三十六年～四十年）へとつながってゆく。

やがて東映を去った中村錦之助は、昭和四十七年秋、芸名を萬屋錦之介と改め、テレビにも進出。四十八年春から日本テレビ系列「子連れ狼」で拝一刀を演じてヒットする。小池一夫原作による名作で、他に一刀役は若山富三郎、田村正和が映画でも演じているが、錦之介の拝の剣技は鬼気迫る。

錦之介は「このドラマで使ったのは胴太貫《どうたぬき》という実戦用の刀。普通のより長くて重く、鉈《なた》と言うほうが近いでしょう。しかしバランスがいいので気持ちよく使えました」「腰に差す場合はもちろん、アップでは本身（真剣）を使います」と言う。

錦之助には様々なジャンルに代表作があるが、最も錦之助らしいといえるのが『一心太助』シリーズである。本人も「特に新しい錦之助を造るという意識ではなく、ふだんの私を出すという狙いで、

『青年安兵衛　紅だすき素浪人』

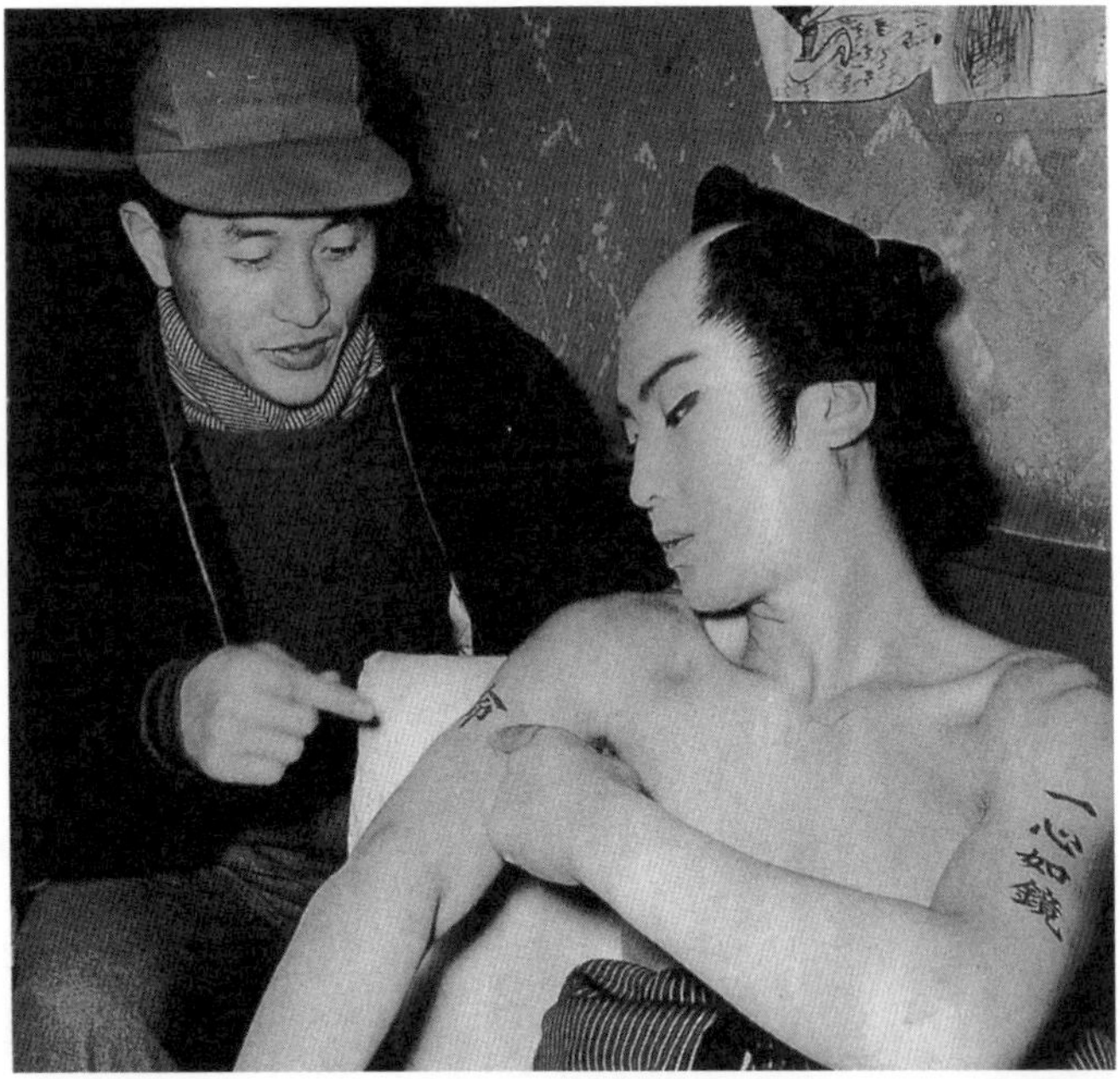

『江戸の名物男　一心太助』沢島忠監督と

これは成功したと思います。いちばん〝私らしさ〟が出た作品ではないでしょうか」（「わが人生悔いなくおごりなく」前出）と語っている。

その昔、昭和三十一年の「週刊東京」誌の映画スター人気投票で、中村錦之助は男優の部トップの一六、一〇七票。二位・池部良、三位・鶴田浩二と続く。

このコンクールで映画評論家・山本恭子氏が「全米の子女を熱狂させているエルビス・プレスリーに、中村錦之助が大変よく似ている、という人がいたが、お品の点で錦之助ははるかに彼を引き離している！」と述べている。

青年時代にリアルタイムで、日本のプレスリーの時代劇を観ていた私は幸せ者である。

［刃］

東千代之介

哀愁の剣豪・東千代之介

　東千代之介のことを書こうと思った。ところが、私の手元に彼の作品がない。資料に何か欲しいとずーっと思っていたら、神が授けてくれた。現在、私の手元には、彼の代表作になる『佐々木小次郎』前後篇（昭和三十二年、佐伯清監督）、『暴れん坊兄弟』（昭和三十五年、沢島忠監督）がある。今年八月中旬にハワイ・オアフ島に遊んだ折り、アラモアナショッピングセンター裏手の、スーパーダイエー脇にあった邦人向けの古本屋にそれはあった。しかも一本九ドル八十セント。千円強の安さ！こんな値段で買っちゃって、東千代之介に悪いなあと、レジで受け取ったビデオのビニール袋に頭を下げた。

　東千代之介の代表作『佐々木小次郎』を「能面のような無表情さ、ニヒル、精悍《せいかん》、沈着、哀愁、悲愴がにじみ出た名演。片岡千恵蔵の宮本武蔵の貫禄。美しさと儚《はかな》さを秘めた千代之介主演映画の前期集大成」（日本映画スチール集「東映チャンバラ黄金時代　石割平・佐々木順一郎コレクション」ワイズ出版）と最大級の賛辞で本が称えているが、私が晩年お会いした千代之介像は、男っぽい人という感じだった。

　千代之介を発見したのが当時の東映中部の竹本元信支部長。芸事に精通している人で、名古屋に来

『新諸国物語　紅孔雀』

る芸能のことはほとんど知っていた。

千代之介は大正十五年八月生れ。同時に売り出した中村錦之助の六歳年上、偶然にも錦之助の一番上の兄・中村歌昇と暁星中学の同級生だった。

「千代之介さんは私が暁星中学一年のとき、教練の教官として、彼が入隊するまで〝一つ、軍人は忠誠を尽くすを本分とすべし……〟の軍人勅諭、手旗信号、匍匐《ほふく》前進から歩兵銃の扱い方まで、みんなで教わったのです」（萬屋錦之介「わが人生悔いなしおごりなく」東京新聞出版局刊、平成七年）

のちに大ヒット作『笛吹童子』で二人は兄弟役を演ずるが、実に不思議な縁である。

千代之介は九歳のときから花柳徳太郎、藤間勘十郎に日舞を学ぶ。さらに坂東三津五郎の振付を修行して師匠となった。名古屋に来ていた千代之介を坂東三津五郎が旧知の竹本元信に会わせた。昭和二十八年二月のこと、東映は踊りの出来る若手で『雪之丞変化』

『新諸国物語　笛吹童子　満月城の凱歌』

東千代之介
木久蔵

三部作（河野寿一監督）の主役探しに全社をあげて、奔走していたときだ。

竹本は「雪之丞にぴったりの踊りの師匠がいる」とマキノ光雄プロデューサーに千代之介を紹介し、千代之介はマキノにすすめられ二十九年二月東映入社となる。

雪之丞なら踊りの素養も生かせると、やる気になっていた千代之介が、監督の河野寿一とトラブった。雪之丞に一目惚れした浪路を送り、その父親で仇でもある戸部三斎へのセリフ「はい、お帰りになるそうでございます」この発声をもっと女性の声でしゃべれ！　と監督。雪ノ丞は女形であって女じゃない。女の声で言うのはおかしいと千代之介。撮影中止二日目に東映から使いが来て、河野監督の先輩・野淵昶監督が大映から来て補佐し完成。四月に公開され大ヒットした。続いて千代之介は『笛吹童子』で錦之助と共演。二人は東映時代劇の黄金期を築いていく。

時代劇映画の最盛期には「二スケ二ゾウ」といわれた。中村錦之助、東千代之介、大川橋蔵、市川雷蔵をさす。千代之介は大スターになった。が、立回りは日舞の型が先行してセンが細く、ガムシャラさ、荒々しさに欠けて上品すぎ、いつも腰が下がってヒョイヒョイとしていて憂愁のある表情が生かされなかった。

新潟の「東千代之介の会」主宰・笹勝次さんが平成元年九月、川中美幸特別興行のチラシをファックスしてくれた。殿様役の千代之介は少しやつれていたが、彼らが楽屋を訪れると喜んで、舞台へ出る直前までとても親切にしてくれたそうである。

［刃］

霧の
小次郎
千代之介
巌流島の
決斗

東
千代之介

大川橋蔵

美貌の剣士・大川橋蔵

大川橋蔵は昭和九年三月、わずか四才で歌舞伎座の舞台を踏んでいる。子役の時の芸名は市川男女丸。やがてその素質が見込まれて六世尾上菊五郎の養子となり二世大川橋蔵を襲名した。

昭和二十二年、若き日の大川橋蔵に出会った新聞記者加藤美希雄氏は東海道線辻堂駅での印象を書いている。

茅ヶ崎ににあった壮大な団十郎屋敷と呼ばれた処から六代目は歌舞伎座へ通っていて、父と共に橋蔵も通勤列車に乗る。戦後のことでギュウギュウ詰め、辻堂駅々長は人間国宝に配慮して車両の最後尾の専務車掌室を開放、一緒にお供していた橋蔵は修行中であるからすし詰め電車がホームに入ってくれば父とは別にデッキにぶら下がったり、開いている窓からバッタのように車内へと飛び込んだり、一般人と同じように交通地獄を経験していた。冬の人々の服装はくたびれたオーバー、南京袋で作ったヨレヨレ布のジャンパーだったのだが「橋蔵さんのホームスパンのオーバーは目立った。しかも頭髪もキチンとポマードをつけ櫛目が美しく入っている。——役者だから当たり前だ、といってしまえばそれ迄だが、わたしには、その美貌からくる印象ではあるが、容姿端麗——という言葉が浮かんでくるのであった」(「別冊近代映画新書　二十番勝負特集号」昭和三十六年一月下旬号)

『笛吹若武者』美空ひばりと

若き日の橋蔵は通勤列車のことに限らず養父のモトでみっちりと世間的なことや幕内のことまで下積みを重ねてきた人であった。

歌舞伎の女形としてめきめき芸の腕と人気をあげてきた大川橋蔵に白羽の矢をたてたのは美空ひばりが所属している「新芸プロ」の児玉浩嗣。『笛吹童子』で人気を得た中村錦之助も、東千代之介も、美空ひばりと共演してからたちまち大スターになった。もう一人スターが出れば東映時代劇の隆盛は盤石になるそして美空ひばりの位置はますます東映の中で上がってゆく、児玉は橋蔵に映画に出ませんかと熱心に口説きはじめる、ところが、デビューからひばりと共演で映画出演ができるという好条件にもかかわらず、役者としては珍しく石橋を叩いて渡る慎重派の橋蔵は首をタテにふらない、あの手この手と口説いて、一年経って、やっとOKが出たが橋蔵は条件をだした。

「映画出演は一本だけですよ」しめたと児玉が動き北条秀司に脚本を依頼、『笛吹若武者』〈昭和三十年、佐々木康監督〉の台本が出来上がる。

クランクインすると苦労人大川橋蔵は気を遣った、二卵性親子と呼ばれるひばり母子に「今夜はおいしい魚の店でごはんにしましょう」と誘い、二人があまりいい顔をしないと「そうそう、おいしいステーキの店がありましたっけ、よやくしておきます」と切り返して気遣いをみせる。

中村錦之助はひばりと初対面のとき「スターぶった生意気な娘」と態度が硬派だったのに比べ橋蔵はまったく対照的でやさしい。食事のあともかならずひばりの旅館迄送ってきて「楽しかったです。ありがとう」と別れてゆく。ひばり母子は橋蔵に入れ込んだ〈橋蔵映画出演二作目も美空ひばり共演作『旗本退屈男　謎の決闘状』〈昭和三十年、佐々木康監督〉〉。

『旗本退屈男　謎の決闘状』市川右太衛門と

二スケ二ゾウの登場は昭和二十九年に『笛吹童子』で中村錦之助と東千代之介がアイドルとなる。この年市川雷蔵も『花の白虎隊』（田坂勝彦監督）でデビュー。昭和三十年には大川橋蔵が『笛吹若武者』で出てきて揃いぶみ。若手スター四人の内東映が三人。雷蔵は大映という布陣で三対一、それで人気が上昇してくると錦之助は錦ちゃん、千代之介は千代ちゃん、雷蔵は雷ちゃんだったが、橋蔵はトミーと呼ばれて、一人だけハイカラなニックネームがついていた。木村拓哉のことをキムタクとカナ文字にするように、トミーの呼称で橋蔵人気は沸騰してやがて時代劇人気スターのトップになる。

マグロのトロのような二枚目で、出てくるだけでパーッとあたりが華やかに明るくなる橋蔵の立回りは舞うように優美で美しいのだが、女形出身なのでナヨナヨしていて相手を斬っていない、又、舞台の芝居のように美しくみせようと型にこだわるからテンポもおそいし、相手をやっつけてキッと流し目をしたりするから間が悪くなる。どう見ても長谷川一夫流の立回りだった。娯楽時代劇は、立回りが大切な見せ場である。客はチャンバラに夢をかけている。

ラッシュフィルムをみて橋蔵は自分の動きが恥ずかしくなり、殺陣師の足立伶二郎に申し出る。「わたしは歌舞伎の立回りしか知りません。リアルな立回りを教えて下さい」

基本の殺陣の工夫に橋蔵は腐心する。踊りで鍛えたカンもよく、身体も柔軟なので橋蔵の殺陣は上達した。大ヒット作『葵新吾』シリーズの主人公の剣の修業そのままが橋蔵に当てはまった。中村錦之助が『宮本武蔵』シリーズで剣の修業で腕をあげ武士道に目ざめてゆく武蔵と錦之助の像がひとつになったように、大川橋蔵も葵新吾とともに成長して黄金期をきずいてゆく。

その後たくましく力強い橋蔵時代劇をと、野心的に大島渚監督と組んで『天草四郎時貞』（昭和三十七年）を撮ったり、シェークスピア劇の翻訳もの『炎の城』（昭和三十五年、加藤泰監督）で熱演したが、黒ぬりのヒーローは橋蔵に似合わず失敗だった。　［刃］

大川橋蔵
新吾二十番勝負
木久蔵

市川雷蔵

男前の代表！　市川雷蔵

勝新太郎が中村玉緒と新婚時代（昭和三十七年）の頃、深刻な顔で京都撮影所長の処へ来て、「雷ちゃん（市川雷蔵）が、うちの嫁はんのアレを見たって言いまんねん、つまり嫁はんのすっぽんぽんの裸って、こう言うことらしいんやけど、どんなこっちゃろう」と。

そこで、所長が次に雷蔵に会った時、

「雷ちゃん、勝が大層悩んでる。おまえ、中村玉緒のアレを見たって言うたらしいけど、どこで見たんや？」

と聞くと、市川雷蔵がすました顔して、

「玉緒チャン、子供の時、よくオシッコさせてやりましたから……裸にして」

中村玉緒は上方歌舞伎の名門、先代中村鴈治郎（人間国宝）の娘、市川雷蔵は鴈治郎のもとへ芸の修行に行っていたから、玉緒が小さい頃に「オシッコ」させていた訳。

あとで、その事を聞いた勝新太郎が「あ、そうか」と大笑いをしたという。

市川雷蔵の茶目っ気躍如の伝説です。

以前、年に一度の朗雷会という集りがあって、そのときはもう没後二十七年にもなっていたけれど(昭和四十二年7月没)、市川雷蔵の人気は衰えることがありません。

この時代劇スターをしのぶ会が続いて、雷蔵映画五本だての上映と、ホテルでのパーティー〝雷蔵まつり〟は、いつも会場にあふれんばかりの女性ファンがいっぱいで、出席した私もビックリした。

若い女性ファンの二人連れは、はるばる在住のアメリカ・カリフォルニアから駆け付けた邦人母娘だという。

若い娘さんは、オンタイムの雷蔵は知らず、母親と雷蔵映画を観る内に、その魅力にはまったそう。

又、面白かったのは、女性ファンばかりなので、雷蔵時代劇の立回りの話は一切出て来ない。

会場で話題となった、雷蔵ベストとしては、

1・とにかく目がいい　2・笑顔が優しそう　3・きりっとしてて凛々しい　4・決まった型の時も、茶目っ気たっぷりの芝居の時でも、どちらも似合っている　5・素顔の笑顔がいいなど、とても判り易い分析の発表もあった。

そのパーティーの折に、老紳士の田中徳三名監督とお話しする機会を得た。

田中先生は市川雷蔵の眠狂四郎シリーズ第一作『眠狂四郎殺法帖』の監督である。

また、市川雷蔵と同じ年で親友でもあった勝新太郎の『座頭市』、『悪名』、『兵隊やくざ』等のシリーズを手掛けた、大映のドル箱演出家の方なのです。

「雷ちゃんという人は、スタッフを大事にして、よく鳴滝の雷ちゃんの家に遊びに行ったり、一緒に飯食ったりしてました」「眠狂四郎というのは〝今日（女を）抱くことが明日を約束することには

『眠狂四郎　魔女狩り』

眠狂四郎

ならぬ〟というような生き方の男でしょ。女を抱いてもいやらしく見えない役者、企画を考えている時、ひょいと眠狂四郎の雷ちゃんが浮かんだんです。ぴったりやなと思った」

名著「殺陣　チャンバラ映画史」（前出）の永田哲朗氏は、「（眠狂四郎を様々な役者が演じたがいづれも雷蔵に遠く及ばない。雷蔵の眠狂四郎か狂四郎の雷蔵かというほどになり切っていた。あの暗さと色気は雷蔵しか表現できなかった」。そして市川雷蔵の円月殺法についてこう表現しています。「眠狂四郎のふるう非情な剣法円月殺法というもの。下段に構えた剣を、じょじょに大きく左から円月を描き、《完全な円を描き終るまで、能くふみこたえた敵はいまだかつて、なかったのである。》敵の闘魂を奪い、一瞬の眠りに陥らせて一刀で斬り下げる……」

眠狂四郎の暗い業を背負った生い立ちと、出生に複雑な事情があるとされている雷蔵自身の人生を重ねて、眠狂四郎の役は宿命的な雷蔵の当たり役になった。

溝口健二監督の『新・平家物語』（昭和三十年）、平清盛役でスターになった雷蔵に遅れること五年を経て、勝新は『不知火検校《しらぬいけんぎょう》』（昭和三十五年、森一生監督）でスターダムにつく。

二人のデビュー作『花の白虎隊』（昭和二十九年、田坂勝彦監督）の調子をみた作家の川口松太郎は「田坂、市川雷蔵より、勝っていうのはいけるやないか」と監督に言ったというが、陰と陽のまったく性格の違う役者同士が、私生活では仲が良く、世間的には会社の両輪になったのだから、宿命だったのだろうか。

［刃］［魂］

眠狂四郎の市川雷蔵
木久扇
想い出の作品群
花の白虎隊、千姫、新平家物語、
花頭巾、編笠権八、鳴門秘帖、弁天小僧、
大菩薩峠、花くらべ狸道中、忍びの者
眠狂四郎殺法帖、若親分、新鞍馬天狗
陸軍中野学校、ひとり狼、雄呂血……

勝新太郎

いやな渡世を吹き飛ばす、勝新太郎

勝新太郎のことを書くとなると、やはり〝座頭市〟のことからだろう。

座頭市誕生の発端は、小説家・子母沢寛《しもざわかん》の「ふところ手帖」（中公文庫）の本の中に「昔、下総利根川周辺のやくざの親分の家に身を寄せていた、盲目の按摩がいて、めっぽうな剣の遣い手だった……」という、ほんの二、三行の文を脚本家の犬塚稔が読み、イケル！　というので勝新太郎にアテて脚色したことから……。映画はシリーズ化され大ヒットとなった。

昭和三十九年度、日本映画の配給が軒並み10％のダウンだった時、ひとり勝新太郎所属の大映は10％アップという奇跡が起きた。

大映は勝新太郎サマサマで『座頭市』シリーズ、『悪名』シリーズ、『兵隊やくざ』シリーズの三本柱でトップとなった。（そして市川雷蔵との「カツライス」コンビで大映を支えた）

昭和三十九年十二月の日刊スポーツ紙に、座頭市剣法について勝新太郎が語っている。「夏の晩、電気を消して横になっていると、蚊が〝ブーン〟と来やがる。畜生と思ったが真っ暗闇だ。カンだけで小一時間追いかけているうちにバチンと仕留めた。〝ざまあみやがれ〟。そうだ。目の見えない剣士がカンだけで人を斬る。面白い、と考えたのが三年前のこと」

大映で勝新太郎付きだった殺陣師・宮内昌平は言う。

「テストでは、立回りの段取りを、勝さんはわざと完全にマスターしない。だから、本番のときは相手がどう斬り込み、こちらがどう受けてどう斬り返すか、お互いに分かってないので、真剣勝負のような迫力が出てくる。ハタ目には危ないな！と思っていても、本人がその方がいいと言うのだからどうにもならない……」

もの音とニオイをたよりに勘で斬る、リアル剣法。聞き耳を立て、小首をかしげて仕込み杖のサヤを払い〝サッ！〟手首の返しで敵を斬る。人の倒れる音と共に刀身をサヤに戻す。勝は剣道の残心をやってるつもりと言っている。

勝新太郎とは、テレビやパーティで何回かお会

『座頭市物語』

『座頭市物語』

勝新太郎
座頭市
木久扇

いした。豪放にして繊細、洒落っ気たっぷりの江戸前。日本橋浜町育ちのスターで、私も隣町の日本橋久松町生まれだから大好きだった。

去る日、山城新伍のテレビ「新伍のお待ちどおさま」の打ち上げパーティがあって、私もレギュラーだったから参加、たくさんのゲストが来た。

やがて二次会に誘われて銀座のクラブに出かけたのが、勝新太郎、山城新伍、三木のり平、横山やすし、代議士の山口敏夫もいた。

私がすみっこで飲んでいると、勝新太郎がカラオケのマイクをとって、「おい！　木久ちゃん、一緒に歌え！」と呼ばれて、私の肩に手をかけ石原裕次郎の〝錆びたナイフ〟を私と合唱した。

勝新太郎は唄が上手く、私はガタガタと怖くて金縛りだった。三木のり平と横山やすしが「ようよう！」と盛んに拍手してくれたが、深酒をしている二人の目は座っていた。

勝新太郎とかけて、四国巡礼ととく。そのココロは、杖を頼りに旅から旅へ。

昭和五十八年に製作された東映（製作・角川春樹事務所、配給・東映洋画）『探偵物語』（根岸吉太郎監督、主演・松田優作&薬師丸ひろ子）に、交番の巡査役で出演したことがあった。

私は大喜びで参加して、蒲田の交番ロケで、松田優作からソッと巡査役心得の演技指導をうけて、もう有頂天だった！

そして、映画完成後、東京プリンスホテルで、松田優作のパーティがあり、関係者が集まり、私も

ヒョッ!

カッシン
キクオー
ヒョッ!

招かれて祝杯をあげた。

松田優作が敬愛しているという勝新が、ブランデーグラスを片手に、そのパーティに来ていた。

私が頭を下げると、つやつやの赤い顔した大スターが私に近づいてきて、私の肩をたたくと耳元で私に言う。


「お前さんね、スターのお葬式の落語、おつくりよ。あんなに人間がモロに出て、面白いものはないよ。悲しそうな顔をしているのは、レポーターにマイクをつきつけられて、ライトが輝いているときだけ、たいてい故人の友達の役者達は〝残念だ、残念だ〟って、笑いながら飲み食いしてるだけ……。また、ライトがつくと、慌てて悲しそうにしやがってな……」

そして、肩をドン！　と強く叩かれた。


我が道をゆく、我らが天才俳優・勝新太郎は、平成二年一月、大麻所持容疑のためハワイで逮捕され、東京地裁で裁判が開かれる。

「接見禁止と（警察で）言われたけれど、オレは〝セッケン禁止〟というのは、てっきり風呂に入れないんだ、入ったらいけないんだ、とそういうことだと思っていた」と迷言している。裁判の傍聴席が満員だった様子を「大入りだ！」と喜んでもいたというのだ。

［魂］

木久扇

伏見扇太郎

時代に飲み込まれた美剣士

私は青春時代に、時代劇映画に夢中になり、たくさんの時代劇スターを映画館で追いかけた。

東映時代劇では、中村錦之助、東千代之介、大川橋蔵といった若手スターが台頭、片岡千恵蔵、市川右太衛門を頂点として、時代劇東映！　の気を吐き、「第二東映」までできて、「映画観客の半分は東映がいただく」と、時の東映株式会社社長・大川博が息まいていた。

その流れの末期あたりに、私が大好きになった伏見扇太郎がいた。私の中では、芝居と立回りのうまい中村錦之助以来の胸躍るニュースターであった。

で、このコラムに伏見扇太郎のことを書こうと決め、まずは出演作品を再見しようと思い立ち、八方手を尽くしたが皆無。それではとアマゾンで探してもらい、やっと入手した作品が、昭和三十一年、萩原遼監督、東映京都作品の『江戸三国志』。大川橋蔵、伏見扇太郎、千原しのぶが大活躍する、東映得意の連続冒険活劇時代劇第一部（三部作）。それと、同社昭和三十三年のセミオールスターもので市川右太衛門、大友柳太朗、大川橋蔵、東千代之介、伏見扇太郎、尾上鯉之助、南郷京之助らが出演する『大江戸七人衆』（松田定次監督）の二本だけ。

私が望んでいた伏見扇太郎の東映デビュー作『月笛日笛』三部作（昭和三十年、丸根賛太郎監督）、『百面童子』四部作（昭和三十年、小沢茂弘監督）、『緑眼童子』二部作（昭和三十一年、内出好吉監督）、『孫悟空』二部作（昭和三十一年、佐伯清監督）などみんな無し。仕方がないので今回の挿絵は、当時のポスターを模写して、偲んでみた次第。

では、伏見扇太郎とはどういう役者なのか。歌舞伎出身、二代目・中村又五郎の門弟だった。昭和二十九年、松竹映画『びっくり五十三次』（昭和二十九年、野村芳太郎監督）に中村又一の名でワキ役をつとめていたところ、十九歳で東映にスカウトされた。

容姿はまず童顔で絵本の桃太郎風の美青年、身体つきは華奢ながら、動作はキビキビしていて、立回りも腰がすわっている。セリフの発声も歌舞伎できたえているからメリハリがきいているし、女形もできるから艶があり、色っぽい。私は「他の同世代の東映若手では、南郷京之助、尾上鯉之助、中村賀津雄（現・嘉葎雄）、里見浩太郎（現・浩太朗）より、ずっとずっと伏見扇太郎の方が上だな！どこまで伸びてゆくのだろう」と、どれだけ期待したことか……。

ところが、時代劇映画の時流が変わり、後輩の里見浩太郎主演作品の助演や、他作品の端役をつとめていたが、昭和四十年になってスクリーンから姿を消してしまった。

その背景として、黒澤明監督作品の『用心棒』（昭和三十六年）をはじめとするリアリズムを持った時代劇が大ヒットして主流となったところがある。

刀で人を斬る音、立回りでのすごい血しぶき、ヒゲヅラのうす汚い浪人が剣の達人、ニュースを見るような集団での立回り！

『月笛日笛』宇治みさ子と

伏見扇太郎
木久扇

東映城の本丸まで木っ端みじんとなって、東映時代劇も右へならえ、『十三人の刺客』（昭和三十八年、工藤栄一監督）、『大殺陣』（昭和三十九年、工藤栄一監督）など、ドロドロになって戦う作品へと変貌。伏見扇太郎のような美剣士が、柔らかく華奢な身体で、バッタバッタと人を斬るのが不自然であるということになり、ウケなくなってしまったということ。

一九八六年（昭和六十一年）に二十一年ぶりに映画復帰。東映『玄海つれづれ節』（出目昌伸監督）に出演した。「大スターだった頃の自分の作品を上映したい」と願う若松の映画館主として、〝本人役〟といった役どころで話題になったが。スターだった頃の伏見扇太郎を記憶している私にとって、そのウワサは残酷なものだった。

「あんなに大スターやったんやけど、最後は私ら（大部屋俳優）と同じような仕事をされてましたからね。さぞ、つらかったと思いますわ。心の痛みが想像できますわ」（福本清三「おちおち死んでられまへん—斬られ役ハリウッドへ行く」集英社文庫、二〇〇三年）

福本清三は、最盛期の東映時代劇を支えた、斬られ役のNo.1。著書の中で、伏見扇太郎の逆境について書いている。

昭和三十二年頃、『新諸国物語　七つの誓い』三部作（佐々木康監督）など少年もの東映作品が大ヒットして、中村錦之助、東千代之介が卒業、少年向け娯楽映画に出なくなり、チビッコファンを大いに沸かせていた伏見扇太郎は、これからスター街道を一気に駆け上がるはずが、矢先に病気（結核）でつまずいてしまう。したがって、彼のこの年の主演作は二作品のみという寂しさ。『竜虎捕物陣』

二部作や、甲賀流の虎若丸が、伊賀流の百地三太夫、石川五右衛門と、大阪城隠し砦の絵図面争奪戦を繰り広げる『忍術御前試合』（沢島忠監督）がそれだった。そのあと主役作品も何作かあるが、脇にまわった。

彼のハマリ役『風雲黒潮丸』三部作（昭和三十一年、深田錦之助、伊賀山正徳監督）の夢若丸は刀に手をかけ上目使いに相手に斬りかかってゆく！伏見扇太郎よ、永遠なれ。

晩年の伏見扇太郎の私生活については、ひっそりと東映系のボウリング場で働いていたとか。支えてくれていた女性の事故死など、運命的に哀しいことが多くて、つらい。

［魂］

里見浩太朗

歌う時代劇スター、集団時代劇、そして水戸黄門・里見浩太朗

日本テレビ「笑点」のわが友、林家三平は以前、ＴＢＳ系列「水戸黄門」のレギュラーのちゃっかり八兵衛役で、水戸黄門役の里見浩太朗と仲良くお付合いしていただき、その三平さんに、里見浩太朗さんとのロケ休みに話を聞いた。

「三平ちゃん、水戸黄門でね、御老公の印籠葵の紋を出す時にはね、ゆっくり出さないといけないんだよ……」

「どうしてですか？」

「わかんないかなァ、イン、ロー（ゆっくり）と言ってね、あはははは」

「三平ちゃん、横浜の関内はなぜカンナイっていうのかわかる」

「ワカンナイ？」

「正解！」

こんな会話がロケ現場で御老公と交わされているんですよ、と教えてくれたが、現場での緊張を和らげる主役の心遣いは、細心にわたるという。

「水戸黄門」の野外ロケは、絶対に雨の日には行われないが、それは御老公の衣裳の錦色が、濡れてしまうと灰色に写ってしまうから、とか、八兵衛が本を読む時に、うつむいて読んでいたら、上向きで陽光にかざして読んだ方がそれらしくみえる……とか、みんな黄門さまから教わりましたと、言っていた。

「里見さん、いちばん苦労された作品は何ですか？」

三平さんが聞くと、

「それは『大殺陣』だね、泥田の中をころげて、走りまわって、長回し（カットが長いこと）でね、もうへとへと、長い芸能生活の中でふり返ってみても、あんなつらいことなかったね……」

東映京都の『大殺陣』（工藤栄一監督）は、昭和三十九年作品、リアルな集団時代劇だった。

それ迄の美しい様式美の東映時代劇が、東宝の黒澤映画『七人の侍』（昭和二十九年）以後の『用心棒』（昭和三十六年）、『椿三十郎』（昭和三十七年）などのリアルタッチの殺陣に粉砕されてしまい、片岡千恵蔵、市川右太衛門、中村錦之助、東千代之介、大川橋蔵の時代ではなくなってしまっていたのだ。

里見浩太郎は、錦之助、千代之介の次の世代で、東映時代劇スターにすべく、スタートはお子様むけの『少年猿飛佐助』三部作（昭和三十三年、河野寿一監督）、『少年三国志』二部作（昭和三十三年、内出好吉監督）、美空ひばりと共演の『ひばり捕物帖　ふり袖小判』（昭和三十四年、内出好吉監督）等に出演、錦之助、千代之介の時のように、子供ものからひばりへ、そして、千恵蔵、右太衛門作品に共演させスター街道をたどるはずだった……が、時代の波が押しよせてくる。

『大殺陣』の前年に、久々に東映時代劇で気を吐いたのが『十三人の刺客』（工藤栄一監督）、これもリアル時代劇で、片岡千恵蔵、嵐寛寿郎が出ていて、時代劇ファンの私など胸がおどった。特に新東宝時代劇で観ていた嵐寛寿郎が、水を得た魚のように、東映の画面でチャンバラをやっていた。嵐寛寿郎の殺陣は、抜き身の刀を土のうに数本つき立てておいて、斬っては戻り、刀をかえて敵を討つというリアルさでびっくり。その『十三人の刺客』にも里見浩太郎は出ている。『十三人の刺客』『大殺陣』そしてもう一本『十一人の侍』（昭和四十二年）が工藤栄一監督の集団時代劇の名作として知られているが、いずれも里見浩太郎は出演した。

昭和四十五年、里見浩太郎は「里見浩太朗」に改名してテレビの世界へと活躍の場を移してはみたもの、いつも里見浩太朗は二番手の人だった。

例えば「大江戸捜査網」は主役だった杉良太郎がおりて二代目となったし、「水戸黄門」も助さんの杉良太郎がいなくなり、二代目助さん、「江戸を斬る」でも、主役は西郷輝彦だったがその後がまとか……。

里見浩太郎は、歌うチャンバラスターでもある、そもそもの芸能界入りのきっかけは、〝歌う〟ことからはじまった。

高校時代は音楽部に所属、高校卒業間近に「ＮＨＫのど自慢」に出場する機会があった。伊藤久男の代表曲「山のけむり」を熱唱して見事カン！　カン！　カン！　と鐘三つで合格、静岡県富士宮北高等学校を卒業して上京、築地魚市場で仲卸を営んでいた叔父の会社に就職して、働きながら歌手を

里見浩太郎

目指す。

昭和三十一年、第三期東映ニューフェイスに合格して東映入社となる。同期には二代目東映城の三姫のうちの大川恵子、桜町弘子らがいた。昭和三十三年に早くも初主演した『金獅子紋ゆくところ』二部作の主題歌「金獅子紋道中唄」で歌手デビュー、歌う時代劇スターの仲間入りとなったのだ。

昔人気のあった芸能娯楽雑誌、近代映画・昭和三十四年九月号には、〝チョンマゲ歌手大いに歌う〟の特集がある。二十年選手筆頭は、昭和十年に映画主題歌「大江戸出世小唄」を大ヒットさせた高田浩吉、そして意外やその昔「元禄女大名」を歌っている大友柳太郎。昭和二十九年十月には中村錦之助の「いろは小唄」、東千代之介、大川橋蔵と載っていて、でもやっぱりチャンバラ歌手で歌がうまいのは勝新太郎と里見浩太郎とまとめている。東映の企画として（ポリドールの元社員が起こした）ゼネラルレコード、昭和三十三年入社とある。


里見浩太朗の「水戸黄門」はすごい！

平成十四年十月スタートのナショナル劇場「水戸黄門」第三十一部に、病気降板した石坂浩二に代わって五代目水戸光圀役として登場。佐々木助三郎役をあおい輝彦にバトンタッチして以来、特別出演もあったものの、十四年ぶりにシリーズ復帰。東映作品デビュー初期（昭和三十四年の『水戸黄門天下の副将軍』〈松田定次監督〉）の渥美格之進をいれて、佐々木助三郎、水戸光圀の三役を演じた唯一の俳優である。平成二十三年十二月第四十三部「最終回スペシャル」で四十二年にわたるシリーズ終了、「ズバッと後から斬られた感じ」と彼が記者会見で語っている。

［書き下ろし］

松方弘樹

チャンバラスター！　松方弘樹

時代劇スター・松方弘樹が亡くなった。平成二十九年一月のこと。七十四歳であった。

松方弘樹といえば東映のやくざ映画をすぐ連想するでしょうが、いやいやどういたしまして。彼の初期の作品は、東映京都の時代劇が多く、私にとってはチャンバラスターなのだ。

昭和三十五年。十七歳でいきなり主演の『十七歳の逆襲　暴力をぶっ潰せ』（日高繁明監督）でデビュー。昭和三十六年東映京都に移り（時代劇初主演作はその年の『霧丸霧がくれ』佐々木康監督）、時代劇次世代のホープとして、北大路欣也と共に大活躍をした。市川右太衛門の息子、北大路欣也は「東映のプリンス」、近衛十四郎の息子、松方弘樹は「東映の暴れん坊」というキャッチフレーズで同学年の二人を東映は売り出した。


松方弘樹はサウスポーだった。「（立ち回りは）右手でやりなさい。でないとオーソドックスな時代劇は出来ないよ」と時代劇初出演『赤穂浪士』（昭和三十六年）で大監督の松田定次から注意をされ、大苦心をして涙ぐましい修業をした。

ゴハンの箸を右手で持つことからはじまり、バットを振るのも、ゴルフのときも右手！　みぎ手！、

夜霧の長脇差《ながどす》
近衛十四郎
霧丸霧がくれ
松方弘樹
木久扇
黄金の盗賊
北大路欣也

ヒマがあると東映剣会（つるぎかい）の中で空いている人を見つけ、右利きの殺陣の稽古に付き合ってもらい……。

息子の殺陣を見た、剣豪の父・近衛十四郎に「お前はね、役者じゃない、くしゃくしゃだ」「辞めちまえ」と怒鳴られ、夜、布団の中で泣いたのだ。口惜しくて口惜しくて（松方弘樹・伊藤彰彦「無冠の男　松方弘樹伝」講談社、平成二十九年）。

昭和三十年代、東映時代劇の黄金時代！　トップに片岡千恵蔵、市川右太衛門御大、月形龍之介、大友柳太朗、大河内傳次郎、中村錦之助、東千代之介、大川橋蔵……キラ星のごとく大先輩がいて、共演ともなればあいさつしまくり。それがイヤで部屋の前を通るのを避け、二階の楽屋からロープで外へ脱出していた。

今年の四月、テレビ朝日「しくじり先生」を観ていたら、息子さんの仁科克基君が、父・松方弘樹のことを「小学生の頃、京都から東京へ帰って来るのに、庭にヘリコプターで通うへリポートまでこしらえた父です」と話していた。

［斬］

大映時代劇の松方弘樹

昭和三十九年から四十年の一年間にかけて、松方弘樹は東映から大映に移籍している。

『眠狂四郎　円月殺法』

松方弘樹
円月殺法
眠狂四郎
木久扇

東映のホープが、何故大映作品の主役を勤めているのだろうと不思議に思っていたのだが、松方弘樹は東映から大映にレンタルされていた！　というから面白い。

大映の看板スター市川雷蔵が直腸ガンに倒れた穴を埋めたいと大映首脳陣が、当時東映京都撮影所所長（のちに東映社長となる）に松方のレンタル移籍を持ちかけたという。

伊藤彰彦と共著「無冠の男　松方弘樹伝」（前出）の対談の中で松方は、

「岡田茂さんと大映京都撮影所所長だった鈴木晰成《あきなり》さんが仲良かったんです。大映行きはこの二人の話できまったようなもんですね。岡田さんに呼ばれて「おまえ、ここ（東映京都）にいても頭打ちだから大映行ってこい。大映はいま、（市川）雷蔵が倒れて、勝（新太郎）しかおらん、本郷功次郎とか藤巻潤とか峰岸龍之介（のちの峰岸徹）ぐらいしかおらんから、おまえ、テッペン獲れるぞ」って。行ってみたら何のことはない、会社が潰れかかっていた」（笑）。

亡き市川雷蔵の代わりとしてレンタルされた松方弘樹は、昭和四十四年に、『薄桜記』（森一生監督）のリメイク『秘剣破り』（昭和四十四年、池広一夫監督）をはじめ、『眠狂四郎　円月殺法』（森一生監督）、『眠狂四郎　卍斬り』（池広一夫監督）と、眠狂四郎もの二本と『二代目若親分』（安田公義）、さらに翌年『忍びの衆』（森一生監督）と、雷蔵のヒットシリーズを四作品受け継いでいる。

しかし松方には雷蔵の代わりは務まらなかった。

松方の個性は「明かつ俗」、雷蔵の個性は「聖かつ暗」で、二人の資質は天と地ほどに開きがあったからだ（「無冠の男　松方弘樹伝」前出）。

失敗しても松方弘樹はころんでも只では起きない。大映時代の成果は、勝新太郎との出会いにあった。『玄海遊侠伝　破れかぶれ』（昭和四十五年、マキノ雅弘監督）で、松方は、勝新太郎と真っ向からぶつかり合う（結局、大映在籍二年間での作品は本作と主演作で、計九作品におよんだ）。

以後、勝新太郎との交流が始まる。

「勝さんが、〝座頭市〟でやった逆手斬りは近衛さん（父・近衛十四郎のことを近衛さんと呼ぶ）が松竹時代の『柳生旅日記　竜虎活殺剣』（昭和三十五年、萩原遼監督）や東映の『柳生武芸帳』シリーズで先にやってます。オーナー（勝プロ社長の新太郎のこと）に会ったとき、〝お父さんを盗ませてもらった〟と言ってました」（「無冠の男　松方弘樹伝」前出）。

勝新太郎の兄、若山富三郎は東映から大映に行き、任侠映画時代の東映に復帰し人気スターになったが、松方も東映にもどり、実録映画の時代に人気スターになった。復帰主演第一作目は『脱獄広島殺人囚』（昭和四十九年、中島貞夫監督）。

松竹梅酒造の酒席で、社長、勝新太郎、三船敏郎、中村錦之助、石原裕次郎のところへ、たまたま同じ店に友人といた松方弘樹があいさつに行くと、ブランデーを一本おごってくれた勝新太郎が目の前で「飲んでけ」とすすめられ、四大スターにみつめられて、一本空けたとか、昔のスターのスケールはちがう。

［書き下ろし］

脱獄
広島殺人囚
こわいよ
これい
弘樹は
これい！

山城新伍

時代劇をこよなく愛したスター・山城新伍

山城新伍は、昭和十三年、京都生まれ。本名・渡辺安治、第四期東映ニューフェイスに合格したのが三十二年、同期に佐久間良子、山口洋子、室田日出男、のちに山城夫人になる花園ひろみ等。

ニューフェイスに合格すると、演技の基礎を教わるために俳優座養成所に入る。清貧に甘んじて演劇一筋に取り組もうとしている研究生の中に、一攫千金を夢見る東映ニューフェイスが研究生というよりも聴講生として混じっている。不思議な雰囲気の教室だったろう。ある時、テレビ局のメイク室で御本人に聞いてみた。実は私も昭和三十三年の高校生時代に俳優座養成所の研究生募集に応募して落とされている。以前の受験生の中には、仲代達矢、田中邦衛もいたという。

「山城さん、俳優座の養成所時代はどうだったの?」

「そんなもん、キクさん、僕のように映画が好きで好きで入った者に、短足胴長の日本人が赤毛かぶって、オーバーな仕草でロシア人を演じなきゃならないのはわけが分からん! 黒い目を青くしてから教えてくださいい言うてね……。随分、養成所の先生方を困らせたものでね、アハハハハ」

という次第だったらしい。

昭和三十三年『台風息子』二部作(小石栄一監督)に本名でデビュー、三十四年、NET(日本教育テレビ）の子供向け時代劇テレビ映画「風小僧」に、出身地からとった山城新伍の芸名でデビュー。初めての主演だった。

「1959年、NETの開局と同時に放送された『風小僧』は、テレビ界に時代劇旋風を起こした。（中略）当時最大の二十六局がネットワークを組む輝かしい高視聴率シリーズとなった。『白馬童子』は、風小僧でスターになった山城新伍が美剣士役で大活躍……」（「クロニクル東映 1947—1991」東映株式会社、平成四年）

昭和三十年代半ばあたりから東映時代劇が落ち目になって、入れ替わりにやくざ映画路線となり、やむなく山城は『監獄博徒』（昭和三十九年、小沢茂弘監督）、『仁義なき戦い』シリーズ等で、でたらめな二枚目半的な役どころを新鮮な味でこなしてゆく。

悪人を退治しながら江戸へやってきた徳川将軍のご落胤・葵太郎、実は白馬童子、白覆面、白装束、白馬にまたがる美剣士として大ヒットした山城新伍であったが、その実体は？

「『白馬童子』（一九六〇年）は一年ぐらい続いたが、急にテレビ時代劇のスターになった山城よりも、当時の東映にはスターがいっぱい居て本篇にかり出されると、私は『白馬童子』なのに、通行人やら、御用！ 御用！ の下っぱ役人にかり出されてました」（山城新伍「現代・河原乞食―役者の世界って何やねん？」解放出版社、平成九年）というのだがから面白い、面白い。

その頃の山城が東映マークについて、テレビで発言したことが大騒ぎになる。

「東映のお馴染みの三角マーク、義理欠く、恥かく、人情欠く！」と言ったものだから、即座に岡田茂会長（当時社長）が「山城を呼べ！」と怒った、怒った。呼ばれて山城が会長の所へゆく。

山城新伍
白馬童子
木久扇

木久扇

「お前、日本全国が見てるテレビで、東映の三角マークは何だと？　義理欠く、恥かく、人情欠く？　馬鹿ヤローッ、こんな義理人情のある会社はねーぞ。それをつかまえて馬鹿ヤローッ。しかし、うまいことを言うもんだな」

怒りながら感心している。機知に富んだ山城が「会長、会社の悪口を言うのは会社を愛しているからなんです。吉本興業を見てください。芸人さんたちが〝ウチの社長はケチでっせ〟と平気で喋って、それがまた円満の秘訣、うまくいっとるじゃありませんか。山城の東映に対する、愛の表現なんです！」

聞いていた会長はニッコリしたという。

「白馬童子」のあと、やっと本篇映画に復帰、『野火を斬る兄弟』（昭和三十五年、山崎大助監督）で若山富三郎が兄、山城新伍が弟、という役でチャンバラ（殺陣）がやれるようになった山城がこんなことを書いている。

「チャンバラは立回りの見事さがまず勝負、と読者の皆さんはお思いだろうが、実はチャンバラとは汗との闘いなのである」（「現代・河原乞食考―役者の世界って何やねん？」前出）

解説すると、時代劇はカツラをかぶる。真夏の炎天下のロケなど、中ぞりのカツラに、おでことカツラの境目をメイクさんが苦心して埋め、その上ドーランを塗るものだから、立回りで汗をかこうものなら、おでこと羽二重（その上にカツラを乗せる）の間がパックリと溝になってしまう。これをまた補修するため、汗びっしょりのすべてを外してやり直し。スタッフ一同、一人の役者のおでこ直しのため全員がボケーっと待っていなくてはならない……ということだ。

山城新伍と私は、ＴＢＳテレビのワイドショー「新伍のお待ちどおさま」でご一緒した。　［魂］

天知茂

ニヒルな男前・天知茂

天知茂が演《や》ったらいいなァと思う時代劇として、私の脳裏に浮かぶのは、眠狂四郎、「大菩薩峠」の机龍之介、「赤穂浪士」の堀田隼人、といった処、でしょうか。新東宝・中川信夫監督『東海道四谷怪談』（昭和三十四年）の民谷伊右衛門、大映作品・三隅研次監督『座頭市物語』（昭和三十七年）での平手造酒《みき》、はハマリ役で、するどい目つきと、そげた頬の天知茂が好演していた。

勝新太郎・カツシンの座頭市シリーズは、何作もあるが、昭和三十七年にヒットして、シリーズのさきがけになった、記念すべき第一作『座頭市物語』がベストワンだと思っている。ラストにカツシン・座頭市と、天知茂・平手造酒の対決がある。あらスジは次の通り……。

下総飯岡の貸元・助五郎の処へ、ワラジを脱いだ坊主で盲目の人呼んで座頭市。ツボ振りでも居合い抜きでも目明きにはとっても及ばない、腕を見込んだ助五郎は、市を客分とする。

もともとやくざ嫌いな彼が、好きな釣糸をたれている時、並んで釣りをしていたのが平手造酒、二人は話すうちに親しくなり、ある夜酒をくみかわし、お互いの剣に興味をもったが、平手は何と助五郎と勢力争い中の相手・笹川の繁造の用心棒！

「やくざの喧嘩に巻込まれて斬り合うのは御免だ」と笑い合ったのだが……。

ついに助五郎一家、繁造一家は、笹川の宿場で対決となる。鉄砲だけは使うなと繁造と約束した造酒は、血を吐きながら斬りまくる！

このシーンの天知茂の目つき、血だらけの立回りがスゴイ！ そしてその行く手には座頭市が立っている。橋の上での立回り、一瞬同体であった二人だったが座頭市の逆手斬りがひらめいて造酒を斬りさげる。

市と交差した造酒が、市の背中に寄りかかるより、ここで名セリフ、「つまらぬ奴の手にかかるより、貴公の手にかかりたかった……」

平手造酒、市に背中をむけたまま動かず、逆手の刀が造酒の背中をつらぬいて、意表をつかれた造酒は、しとめられてしまっているという、珍しい殺陣だ。この時の無念の浪人天知茂の目はすごい、市のカツシンを完全に食ってしまっているカット（もう一本天知茂

『座頭市物語』勝新太郎と

は『座頭市』シリーズに出演している。シリーズ十三作目『座頭市の歌が聞こえる』（昭和四十一年、田中徳三監督）。こちらも心揺さぶる二人の対決シーンがある）。

ところで、天知茂と、先代三遊亭圓楽に、接点があることが判り、驚いた。

〝十三人座〟という学生演芸活動をやっていた昭和二十九年頃、劇団に落語界入りする前の五代目圓楽、本名吉河寛海がいて、八田元夫演出研究所が〝ロビンフッドの愉快な冒険〟の芝居に若手としてかり出された時、まだ無名の北町嘉朗と吉河寛海（のちの三遊亭圓楽）の二人が出掛けて参加し、その時、棒術の殺陣をつけに天知茂が来ていた。（臼井薫・円尾敏郎編「天知茂」ワイズ出版、平成十一年）

あの無器用だった五代目圓楽に殺陣をつけていた天知茂！　ああそのけい古が観たかった。

嵐寛寿郎の鞍馬天狗に触発された少年時代の天知茂。成人して役者の道を選び新東宝入り、非情な目つきとフェイスでギャング役をこなし、『恐怖のカービン銃』（昭和二十九年、浅野辰雄監督）の演技で売出して、『東海道四谷怪談』民谷伊右衛門役で大当り。

新東宝解散後は大映入り、カツシンの座頭市、市川雷蔵の眠狂四郎等で主役を食い、長谷川一夫に私淑し、舞台では鶴田浩二の歌を得意にしていたとは意外だった。

［魂］

『座頭市の歌が聞こえる』勝新太郎と

天知茂
木久扇

『東海道四谷怪談』若杉嘉津子と

天知茂
木久蔵

目を見張る見事な殺陣！　天知茂

今年正月、劇画作家さいとう・たかを先生の新年会での折、京都にお住いの山田誠二氏と知り合いになり、「天知茂の『江戸の牙』観ていますか？」という話から盛り上がった。氏は人気劇画「ゴルゴ13」「鬼平犯科帳」「仕掛人藤枝梅安」等、脚本担当で関わっている。他に作家、映画監督、映画評論、映像プロデュース他、マルチに活躍している面白い方なのである。

「木久扇さん、天知茂の『江戸の牙』観てごらんなさいよ！　ラストシーンでね、天知茂が六十人位斬っちゃうんだから。もう考えられないでしょ！　『江戸の牙』はテレ朝の番組ですけど、『大江戸捜査網』の元村プロデューサーが手がけていて、製作も同じ三船プロ。老中・松平定信が密かに組織した特命部隊という設定で、ま、テレ朝版・大江戸捜査網というべきテレビ時代劇です！」

熱弁をふるう山田氏は「『江戸の牙』は未見です」と言う私の処へ、のちにＤＶＤと丁重なお手紙を送っていただいた。

「江戸の牙」第一話「炎上！　赤馬を斬れ」、第二話「戦慄！　蛇目傘の女」。私はワクワクしながら早速鑑賞。いやあ〜、面白いのなんの。こういう作品があったのを知らなかった私は、チャンバラファン失格だな。

出演スターも今は亡き人ばかりでなつかしく、支配・朝比奈軍兵衛＝三船敏郎。与力・剣精四郎＝天知茂、浪人・大熊伝十郎＝若林豪、与力・金丸半兵衛＝坂上二郎、与力・間兵助＝藤村俊二、女密使・橘紫乃＝白都真理……という「江戸の牙」チーム。

天知茂をチーフに、江戸の諸悪を影として斬ってゆくのだが、第一話・赤馬騒動とは、江戸の町に頻発する「つけ火」による大火事。勘定奉行と結託する材木問屋の値上げの悪計。ラスト近く、内田朝雄ら材木問屋の談合の座敷に乗込んだ江戸の牙チームがスゴイ。材木屋の主人達をまとめて一山にしばり上げ、火薬の専門家・藤村俊二が、黒い火薬粉をフリカケよろしく頭上にバラまいて火をつけ、家ごとドカンと爆破してしまう！

初見の私も驚いた。いくら悪人と言えども、これでは大虐殺ではないか。このあと、ラストに向かってもっとスゴイことが始まる。なんと「江戸の牙」の火薬専門家・間兵助は、バズーカ砲までこしらえて、勘定奉行の正門に配置された鉄砲隊を撃破して、これをふっ飛ばしてしまう。黒煙の中、剣精四郎の獅子吼がひびく！

「何者だ！　貴様達は！」

と岸田森の勘定奉行、堀田監物が問うと！

「閻魔様のおつけぇよ！　血も涙もねぇ鬼畜の極悪人！　てめぇ達を、十万億土の地獄の底へ送ってやる！　江戸の牙参上！」

四人が羽織をぬぐとタスキ姿の白装束、南無妙法蓮華経と墨黒々の文字。さァ、大立回りが始まるが、天知茂・精四郎の二刀流の太刀、斬るわ斬るわ、一人で成程、六十人位やっつけている。加勢の若林豪の剣も、チャンチャン、バラバラ三十人は斬っている。ここで天知茂の殺陣は目を見張る。右から左から、うしろから、障子の影からの敵を、深く、鋭く斬り上げてゆき、型はよくて乱れがない。天知茂の立回りがこんなにウマイとは気づかなかった。

江戸の牙
朝比奈軍兵衛
三船敏郎
剣精四郎
天知茂
木久扇

それにしても、この屋敷での江戸の牙の大虐殺、これでは取締りなのか、殺人鬼なのか、どっちが善だか悪だか！　こういう時代劇作りで良いのかなァと、頭をひねって観たけれド……。

年表によるとテレ朝「江戸の牙」は、昭和五十四年十月から昭和五十五年三月までに二十六話放送されている。（臼井薫、円尾敏郎編「天知茂」前出）

戦後時代劇「対決」ベスト10では、天知茂が昭和三十七年に造酒役で座頭市の勝新太郎と斬り合うシーンがベスト三位に入っている。一位が『用心棒』『椿三十郎』（昭和三十六年、昭和三十七年、黒澤明監督）の三船敏郎ＶＳ仲代達矢、二位が『十兵衛暗殺剣』（昭和三十九年、倉田準二監督）の近衛十四郎ＶＳ大友柳太朗とある。剣戟スターベスト10の戦後派は、天知茂が九位、一位・若山富三郎、二位・勝新太郎の兄弟が入っていてスゴイ！（永田哲朗「殺陣　チャンバラ映画史」前出）

天知茂が俳優になりたいと決心したのは、小学生の頃、親友と連れ立って嵐寛寿郎の『鞍馬天狗』を観てからだった。黒覆面をして白馬にまたがり、ピストルをかざしている嵐寛寿郎の勇姿が、天知茂少年の脳裏から離れなくなり、すっかり鞍馬天狗に出てくる杉作少年になりきってしまい……「これが男の仕事だ！　役者になりたいと、人生を決めたのは『鞍馬天狗』だった」と天知茂の自伝に書いてある。天知茂の新東宝時代の同輩・吉田輝雄も、「小さい頃にみた嵐寛寿郎先生の〝鞍馬天狗〟を拍手しながら観ていた」（映画秘宝編集部編「異端の映画史　新東宝の世界」洋泉社、平成二十九年）という。アラカンの影響おそるべし！　だ！

［魂］

丹波哲郎

破格のスケールを持った大役者！　丹波哲郎

昭和五十八年頃、折からの霊界出版物ブームにのって、私は「木久蔵の心霊教室」（潮文社）を出版した。自身の不思議体験を綴ったもので、落語家と霊界という内容が珍しいのか、町の本屋でも平積みにしてくれて、サイン会などに呼ばれたりした。

ある日、千葉県船橋市の大きな書店に呼ばれた。メインは丹波哲郎の「死後の世界の証明」（廣済堂ブックス）。時間をずらして「木久蔵の心霊教室」のサイン会。午後一時頃、スター丹波哲郎が、三人の付き人に囲まれて、さっそうと長身をひるがえして店に入ってきた。

何しろ芸能界の大先輩だから、私は素っ飛んでいってあいさつすると、上機嫌の丹波哲郎が低くひびく声で私に言った。

「いや、いや、いや、木久蔵さんはいいよ！　三人の守護霊に守られているのが見える。指導霊はねぇ、亡くなられたお母さん。それにおばあちゃんとおばさんね。これからもね、どんどんと良い仕事がくる！　君は私の言う通りになる！　絶対になぁ……ワハハハハ」と高笑い。つられて私も頭を下げながらアッハッハ。スターの励ましの言葉はとてもうれしかったのだけれど、当時、私の母もおばさんもまだ健在だったからおかしかった。

でも、それ以後、私は丹波哲郎が大好きになった！　生きてる人を守護霊にしちゃうんだもの。

一九五一年頃、丹波哲郎は山形勲の主宰する劇団「文化座」にいた。山形に映画出演の依頼があり、体調不良のため、出演出来ないと断わりに行く役を丹波哲郎がたのまれた。劇団に映画出演の話がくるのは珍しい時代なので、ていねいにお断わりしようという事だった。

「先方の事務所に着くと私の顔をジロジロみて〝山形さんの事は結構ですよ。それより、つかぬ事を聞くけどね、あなたにソックリな役者を知らないかね〟。私の事をマネージャー（劇団の）だと思ったらしいんだ。オレだよとも言えないから、知ってるよ、と言って、その場は逃れたけど、殺人容疑の犯人役をさがしていたらしいんだ（『殺人容疑者』〈昭和二十七年、鈴木英夫監督〉）」（ノーベル書房編「懐かしの新東宝」ノーベル書房、平成六年［わが青春の新東宝　丹波哲郎　自分のそっくりさんで出演］）

自分で自分を映画界に紹介する人なんて聞いたことがない。

新東宝で同期だったスター・高島忠夫の言では、いつも撮影所で丹波哲郎の態度がデカイから、あいつは使わないようにしようじゃないかと監督達の同盟がつくられて、ずーっと干されていたが、態度はぜんぜん変わらなかった……とある。すごい役者さんなんですよね。

容貌と同じように破格のスケールを持つ丹波哲郎には、新東宝時代からのエピソードは尽きない。有名な伝説で時代劇の神様・嵐寛寿郎との大喧嘩がある。『明治天皇と日露大戦争』〈昭和三十二年、渡辺邦男監督〉という作品以来、嵐寛・丹波の共演が多くなる。『剣聖暁の三十六人斬り』『風雲天満

『殺人容疑者』

動乱』（共に昭和三十二年、山田達夫監督）などだ。

ある時、嵐寛が真剣に立回りをやっていた。と、セットの縁側で浪人姿の丹波が肘枕をしながら寝そべって眺めている。これを目ざとく見つけた嵐寛は、烈火のごとく怒り、撮影後に演技課に行って演技部長に言う。

「丹波哲郎は非常に礼儀知らずだ。ワテの立回りを寝そべって見とった」

さっそく丹波が呼ばれた。「嵐寛寿郎さんの芝居を寝っ転がって見ていたそうだな！」。丹波答え、「それで何が悪いの？」「映画界では通用しないッ！」「映画界で通用しなくても俺はかまわない。次に俺が立回りをするんだ。体を休めて何が悪い！」。ついに演技部長とも大喧嘩。しかも丹波はこの後、嵐寛を直撃する。

「あんた余計な事を喋ったらしいな。案外におしゃべりだな。あんたは勝手に立回りをやってればいいだろう……」（丹波哲郎「丹波哲郎の好きなヤツ嫌いなヤツ」キネマ旬報社、平成十一年）

『剣聖暁の三十六番斬り』和田孝、嵐寛寿郎と

黒澤明の『用心棒』（昭和三十六年）が、映画界の殺陣に衝撃を与えたように、三十八年に放映したフジテレビの「三匹の侍」での殺陣がテレビ時代劇新開拓と評判を呼び、五社英雄の演出と共にクローズアップされたのが、殺陣師・湯浅謙太郎だった。立回りは体と体をぶつけ合う肉弾戦の迫力。丹波の豪放な剣、平幹二朗の長身を利した格好いい剣、長門勇のドロくさい剣といった三人の性格付けが面白く、小さなテレビのフレームを突き破る剣に加えて、肉や骨を斬る擬音に視聴者はびっくり。のちに五社英雄は、丹波哲郎の紹介で映画界の名監督となる。

『三匹の侍』は昭和三十九年に五社英雄で映画化された。丹波哲郎の剣豪ぶりは、重厚な名作『切腹』（昭和三十七年、小林正樹監督）、『暗殺』（昭和三十九年、篠田正浩監督）、『仇討』（昭和三十九年、今井正監督）などで観ることができる。

［魂］

高橋英樹

「殿様」の品格と、凄い立回り！

高橋英樹と私とは、藤間流の藤間豊之助を師とする踊りの兄弟弟子同士となる。藤間宗家・尾上松緑の流れをくむ本筋の名手である彼は、六十一年日活ニューフェースの五期生として入社。『高原児』（昭和三十六年、斎藤武市監督）でデビューし、事故死した当時の人気スター・赤木圭一郎の後継者として大いに期待され、石原裕次郎にも可愛がられて順調なスタートをきった。

高橋英樹が『男の紋章』（昭和三十八年、松尾昭典監督）の主役で、着物姿で踊るシーンを撮ることになった。アクションをやる上での着物のすそさばきもあるし、研究熱心な彼は日本舞踊をやろうと門を叩く。その時期よりちょっと先輩で、私も寄席の踊りをキッチリやろうと豊之助門下で励んでいたわけです。

『男の紋章』はヒットしシリーズ化され、十作品作られた。高倉健の『日本侠客伝』（昭和三十九年、マキノ雅弘監督）が始まるころは、高橋英樹はすでに任侠スターだったのだ。高橋英樹の日活での時代劇はテレビ「鞍馬天狗」出演と同時期の『土忍記　風の天狗』（昭和四十五年、小澤啓一監督）のみで、時代劇スターとして注目を集めるのはテレビ出演や松竹時代劇を経てからである。

一九八七年（昭和六十二年）から一九九五年（平成七年）にわたって、約八年間放送されていた、テレビ朝日系列の「三匹が斬る」は、高橋英樹、役所広司、春風亭小朝の異色キャストで、好視聴率だった。

太刀の遣い手が高橋と役所、小朝は短い槍の遣い手で、毎回激しい殺陣がくり返されて呼びものになっていたが、小朝談によれば、高座の扇子しか扱ってないので、槍の立回りは大汗かきましたと言っていた。

その春風亭小朝プロデュースで、二〇〇七年七月、大銀座落語会、銀座博品館夜席、当時まだ木久蔵だった私は、あこがれの高橋英樹と時代劇対談をしたのです。

小朝が私にささやいた……。

「とにかく高橋英樹さんは、今では時代劇役者の中で立回りナンバーワン！　殺陣師が立回りの手順をつけているのを見ていて、十四手ぐらいを、いっぺんに覚えてしまいすぐ本番。そして刀身を相手に当てない。寸止めが出来る人なんです。」

又、テレビ時代劇のベテラン殺陣師・林邦史朗も言う。

「立回りで印象に残っている役者さんは高橋英樹さん。〝鞍馬天狗〟（昭和四十四年十月～四十五年十月、ＮＨＫテレビ放送）のとき、一カットに三十手以上もある上に、移動もしなくちゃいけないという場面でも、手を覚えるのが早いし、型がキレイでサマになる、さすがです！」（ＮＨＫ時代劇の世界・ステラＭＯＯＫにＮＨＫサービスセンター版）

武士役の時代劇が多かった高橋英樹は、珍しくＮＨＫテレビ時代劇では「茂七の事件簿」で初めて岡っ引きを演じ、「慶次郎縁側日記」では同心役で良い味をみせて、「桃太郎侍」から脱皮した。
二人の時代劇対談はこんな話から始まった。
木久蔵　松竹作品『狼よ落日を斬れ』（昭和四十九年）。三隅研次監督の遺作ですけど、高橋英樹さんの役は、旗本の子が幕末の動乱に巻き込まれ、最後には生き残って床屋になるという波乱の主人公でした。
高橋　ああ、あのシヤシン（映画）面白かったんですよ。タイトルバックに川があって長い橋がかかっている。なにしろタイトルが〝落日を斬れ〟でしょ、三隅監督が凝っちゃって、太陽のだんだん沈んでゆく位置を狙って「ハイ！　まだよまだよ」ってカメラマンに指示してたんですがね、いいシーンを狙いすぎてたのね、その内に夕日が沈んじゃって、暗くなっちゃった。ハハハ。
木久蔵　ハハハハ、これがホントのクライマックス！
『狼よ落日を斬れ』では人を斬ったあと、侍が必ず懐紙で刀についた血をぬぐうシーンが何回かあるが、このリアルさこそ三隅時代劇なんだと私は覚えている。

高橋英樹と私は縁がある。

私が日本テレビ〝笑点〟のレギュラーになったのが昭和四十四年十一月、高橋英樹主演のNHKテレビ〝鞍馬天狗〟がスタートしたのが同年十月！　私はコレだ！　とヒラメき「杉作！日本の夜明けは近い！」のフレーズを連発、笑点の鞍馬天狗キクちゃんとして大いに売出したもの。高橋英樹鞍馬天狗こそ、私にとって大恩人なのです！

［魂］

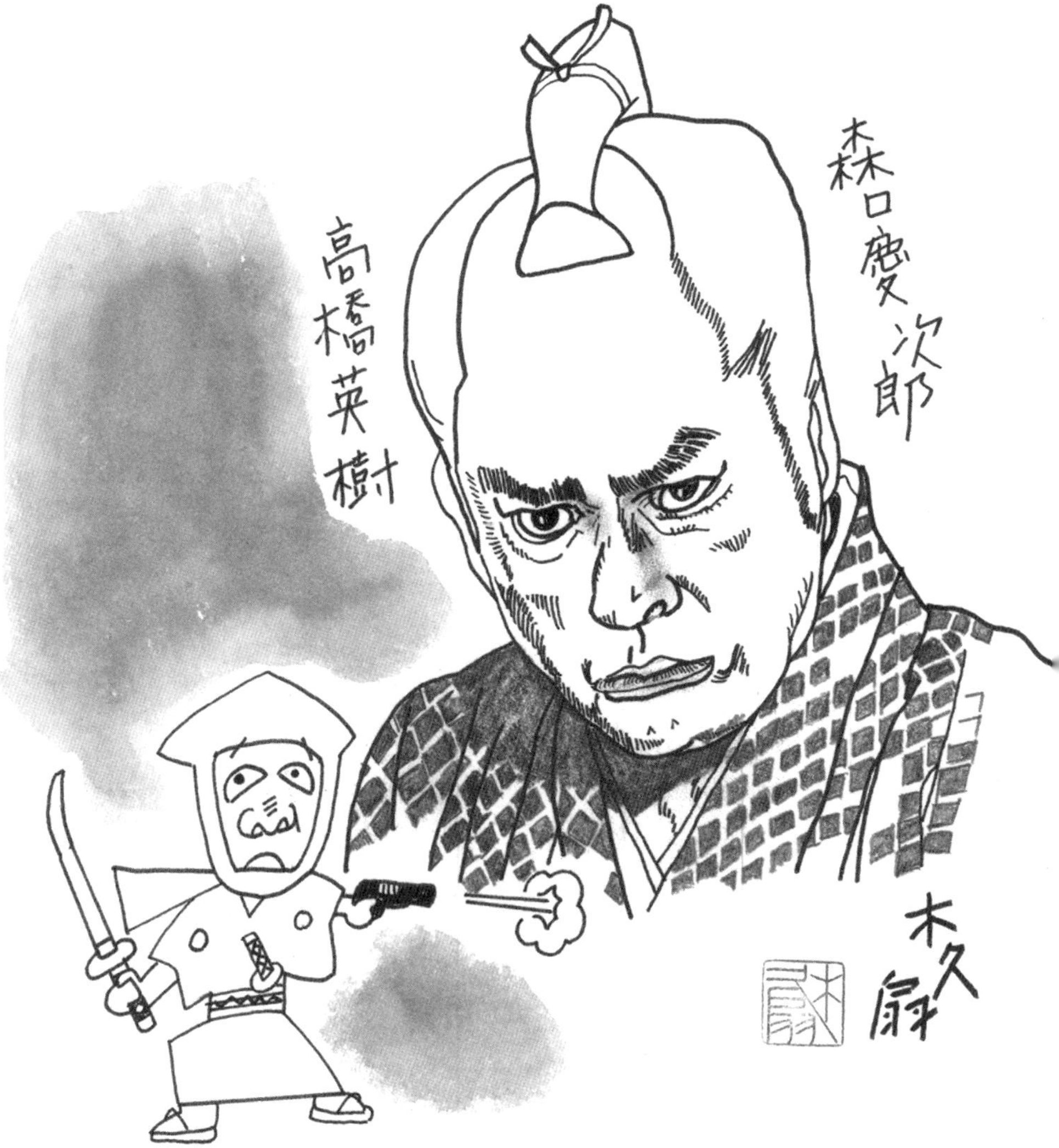
森口慶次郎
高橋英樹
木久扇

美空ひばり

歌姫とはこの人！　美空ひばり

歌と女優のトップ女王・美空ひばり御本人に、私は二度お会いしている。

一回目は以前テレビの仕事で東京駅から名古屋へ出掛ける新幹線グリーン車に乗りかけた時、彼女の方から私達二人を見付けて話しかけてきた。

「朝からお疲れ様です、私ねえ落語家の方ってエライと思ってんのよ！」

「おはようございます。地味な服装なので判りませんでしたよ、ひばりさん！」

同道の先代柳家小きんの返事だ。

「落語家の人って噺の中で一人で何役もやるでしょう、しかも笑わせなきゃいけない、ムズカシイ商売ですよネ……」

「ええ、まあ、そうなんですけど……一度ゆっくりひばりさんにご馳走になりながら、落語のコト話したいなァ」

「まァうれしい、それじゃ又……」

と美空ひばりさんと付き人は、前の席に行ってしまった。

友人柳家小きんはまったく困った奴だ。美空ひばりに私を紹介しないばかりか、初めて出会った大スターにおごってもらいたいと話しかけるなんて……。

彼女の身なりは黒ずくめで、うすい紫のスカーフを巻き、大きなマスクをしていた。

二回目は私もレギュラーだったＴＢＳテレビ系列「お待ちどおさま」の打ち上げの時。

夜の赤坂ホテルのパーティーは番組のゲストに呼ばれたスターだらけ、招待客の中に美空ひばりがいた。

他にもスターがいっぱい来ていた。勝新太郎、三木のり平、横山やすし、女優では藤純子（現富司純子）……と覚えている。山城新伍の交遊の広さだろうか会場は大盛り上がり、やっと美空ひばりの隣に迄たどりついた私はあいさつも早々に
「今度高座に新作の〝美空ひばり伝〟をかけたい！　と思ってるんですが？」

「あら、うれしいけど、私の歌アナタ歌えるのかしら？」

「えっ、あの一生懸命、歌練習します……」

と、絶句してしまい、彼女とは人混みにまぎれてしまったが、私が新作落語「彦六伝」、「横山やすし伝」、「片岡千恵蔵伝」、「昭和芸能史」等を手がけていた頃のことだ。

私が美空ひばりにこだわるのは、出生が同世代（昭和十二年）ということ、彼女が十二歳で、天才少女歌手としてデビューした時代から、ずうっと足跡をたどり、我がゆく道すじと比べながら、歩んできたことである。私は平成二十九年に傘寿を迎えたが、美空ひばりが元気ならば同じ年、八十歳なのだ。

『ふり袖捕物帖　若衆変化』

天才歌手、天才女優の美空ひばりには、その又上の天才師匠が二人ついていた。歌の師匠、川田晴久と、女剣劇の中野弘子である。

川田晴久は、戦前は〝あきれたぼーいず〟、戦後になって〝ダイナブラザーズ〟というコミックバンドのリーダーで、例えば〝ハナ肇とクレイジーキャッツ〟歌とコントの元祖みたいな人で「〽地球の上に朝がくる、その裏側は夜だろう……」といったフレーズで、一世を風靡し、浪曲の名人・広沢虎造節とジャズのセントルイスブルースをアレンジしたり、とにかく新しい笑いを開いた人。

川田晴久が、十二歳だった頃の、美空ひばりに出会うのが、横浜国際劇場に出演した昭和二十三年五月一日、美空ひばりの歌う笠置シズ子の物真似「東京ヴギウギ」を舞台せましと歌って踊るひばりの才能に、同じく舞台の出を待っていた川田晴久が舌をまいて、以後「ひばりちゃん」「兄可(アニキ・川田のこと)と師弟の縁を結ぶことになる。美空ひばりの歌の高音が裏がえるあたりは、実は川田節なのである。ついでに美空ひばりは浪曲も好きで「三門博・唄入り観音経」を〽遠くちらちら灯りがゆれる　あれは言問こちらをみれば……ソックリうなることも出来たという！　十二才の少女が浪曲をうなる！　のですぞ。

美空ひばりの時代劇映画の立回り(殺陣)の源流となったのは女剣戟の中野弘子、女剣戟(女主人公のチャンバラ劇)といっても若い読者にはわからないだろうが、戦前から戦後の昭和三十五年位までかけて、女剣戟は、浅草の興行街を中心に、大江美智子一座、不二洋子、浅香光代と隆盛で、中野

天竜下りの
三度笠
母恋い
長脇差
封印切り
唄って
暴れる
ひばりの
殴り込み
美空ひばり
木久扇

弘子に至っては五才の時から芝居をやり、数々の試練を経て女剣戟の女王となった人だ。

「ひばりさんがわたしを最初にテレビで見たのが『半次母恋ざんげ』（昭和三十五年四月ＮＨＫテレビ放送・常盤座から生中継）って芝居だったの、その時に、匕首《あいくち》（短刀）での立回りがあったの、わたしが匕首でサッと決まった時にね、刃が自分の方に向いてないといけないの。瞬間パッと、刃の向きを変えたわけよ。それで中野弘子って素晴らしいって、ひばりさんが気に入っちゃったらしくて……」（井伊一郎「女剣一代　聞き書き『女剣劇役者・中野弘子』伝」新宿書房、平成十五年）。まだまだ語り切れない、なんたって女王・美空ひばりなのだもの。

だから、つづくのだ！　　　　　　　　　　　　　　　　　　　　　　　　　　　　　［魂］

複雑な殺陣も一発でこなす……役者としてもすごい才能！

一九八九年六月二十四日、惜しまれながら大スター美空ひばりが五十二歳の生涯を閉じる。死因は大腿骨骨頭壊死と慢性肝炎で、闘病生活を送っていたが快方に向かわなかった。

亡くなったことのニュースは、たちまち連日連夜マスコミが取り上げて日本中に報道され、テレビ各局等では、昭和天皇御崩御に匹敵する位の特番が組まれて、美空ひばりは国民的な人気の人物と確認された。

美空ひばりの死で、私がつくづく思い知らされたのは、彼女の歩んできた道は国民の戦後史であったということ。ひばり節のヒット曲の数々や、少女時代からの芸能生活の人気は、同い年だった私の歩みとも重なって、なつかしく、甘酸っぱい想い出なのです。

名マネージャーで、名プロデューサーだった美空ひばりの母親・加藤喜美枝の計算は、子役から、思春期へとたどるひばりを男装させ彼女の年齢をうまくカバーしながら、大女優へと仕立ててゆく。その手腕たるや大したものだ！　今度裏方になるタッキー（滝沢秀明）もぜひ見習うといい。

時代劇映画で、美空ひばりと共演させると、その役者は必ず売れ出すという、彼女はツキを呼ぶという伝説が映画界にある。

旧《ふる》くは昭和二十七年正月作品『ひばり姫初夢道中』（大曾根辰夫監督）でカムバックした高田浩吉が、ひばりと共演後、戦前の人気をしのぐ松竹の大看板になる。

昭和二十九年度松竹映画『ひよどり草紙』（内出好吉監督）では中村錦之助デビューに初共演、のちにひばり、錦之助とも東映入社により、ひばり、錦之助のゴールデンコンビは大当り（東映初共演は『唄しぐれ　おしどり若衆』〈昭和二十九年、佐々木康監督〉）。

昭和三十一年、東宝映画『恋すがた狐御殿』（中川信夫監督）で中村扇雀と、昭和三十年、東映『大江戸千両囃子』（佐々木康監督）は東千代之介。大川橋蔵のデビュー作『笛吹若武者』（昭和三十年、佐々木康監督）。市川雷蔵と新東宝で『歌ごよみ　お夏清十郎』（昭和二十九年、冬島泰三監督）があるし、他にも東映里見浩太朗と『お染久松　そよ風日傘』（昭和三十四年、沢島忠監督）、林与一と『小判鮫お役者仁義』（昭和四十一年、沢島忠監督）……等、美空ひばりと共演して、どれだけの男優が巣立っ

『唄しぐれ　おしどり若衆』中村錦之助と

『大江戸千両囃子』東千代之介と

『歌ごよみ　お夏清十郎』市川雷蔵と

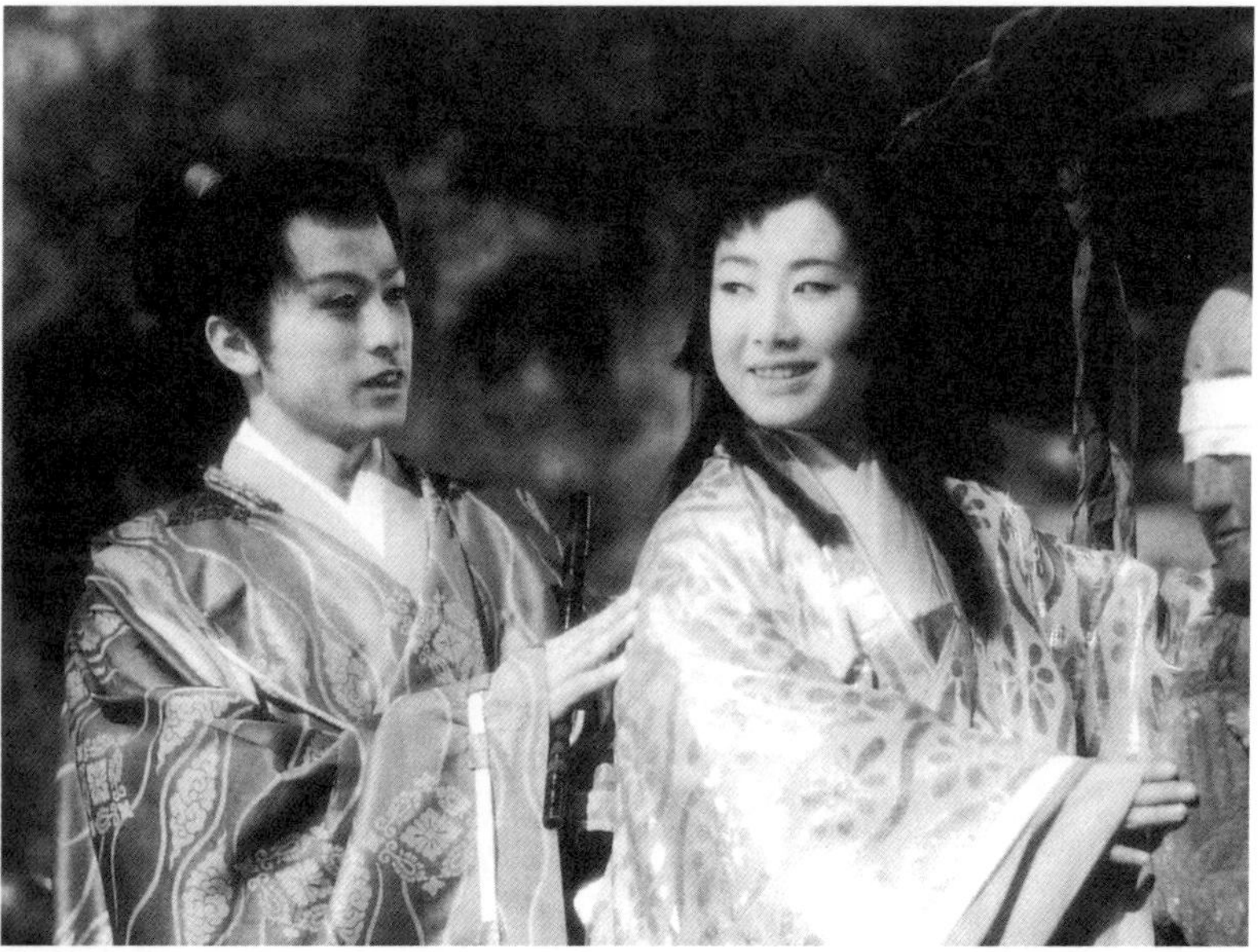

『笛吹若武者』大川橋蔵と

ていったことか！

私も来年の二〇一九年には日本テレビ「笑点」レギュラーの五十年目にあたる。

半世紀も大喜利をつとめた落語家はギネスもの、日本独特の芸能だから世界に類がないので世界一！

私は本当は馬鹿じゃナイ、のである。やはり、私も大勢の売れっ子の落語家と共演して、こうして今がある。

ボケ役の私を引き立てて下すった、「笑点」司会者の皆様は今や雲の上、美空ひばりさんよ、私も今や若手落語家を引き立て、最年長になっちまった！　木久扇をホメテ下さいよ！


美空ひばりの立回り（殺陣）はどんなものだったろうか。

昭和三十年一月九日封切りの『大江戸千両囃子』、ひばりの役は、歌舞伎・中村翠扇一座の花形中村小春。この映画は殺陣のシーンがメインだったので、座長を女剣劇で浅草で名を売っていた大江美智子を迎えて盛上がった。

この時のひばりの殺陣は、大江美智子へのライバル意識もあってかなかなかのものだった。

悪の一味との対決シーンで、殺陣師の足立伶二郎が、ゆっくりと立回りをつけながらひばりに段取りを説明してゆく。

東映時代は全盛期を迎えている。

単純な立回りでは、もう観客はついてこない、だからひばりに殺陣師が指導する動きもかなり複雑なものになっていた。ひばりは斬られ役に囲まれながら教わった手順をふんだ。

そして何とその一度のテストで、むずかしい動きをつかみ本番に入って、NGを出さなかった（大下英治「小説東映　映画三国志」徳間書店、平成二年）。

『ひばり捕物帖　かんざし小判』（昭和三十三年）をはじめとしてひばり映画を十三本撮った沢島忠監督も以下のように語っている。

「立廻りの手を覚えるのは、あの人がいちばん早い。殺陣師がこう切って、こうはらってここで切り倒す、タンタンタンってやってるでしょう。一回見て、「オーケー」っていう。これ、なかなか出来ませんよ。それよりも、殺陣師がつけたのよりも、もひとつよくしてやります」（澤島忠「沢島忠全仕事　ボンゆっくり落ちやいね」ワイズ出版、平成十三年）

やはり昔々のこと、私が「笑点」ザブトン十枚となり、京都・東映撮影所まで出掛けて、〝キクちゃんの鞍馬天狗〟パロディを撮った時に、三人の浪人を相手に、たった七手のチャンバラをするのに、NG十七回も出して、スタッフに迷惑をかけた位なのだから……。

美空ひばりの才能はいかにすごいか！


美空ひばりには、痛々しい受難がたくさんある。木久扇のいちばん印象に残ることは……。

昭和三十二年一月、浅草国際劇場の正月公演の折り、同年輩のひばりファンが舞台にかけのぼり、顔面に塩酸をかけられる事件が起きる。顔半分のヤケド、包帯姿のいたましいひばりの写真がスポーツ紙に大きく載った。

加害者の少女は「あなたの顔を醜くしたい、私と同じ醜いつまらない女にしたい。そのひばりを見たい。ひばりちゃんへ」

そして、ひばりの意見が新聞に載った。

「人気というものの正体を、私は骨身にしみて自覚しました」（昭和三十二年一月・東京タイムズ紙）

［魂］

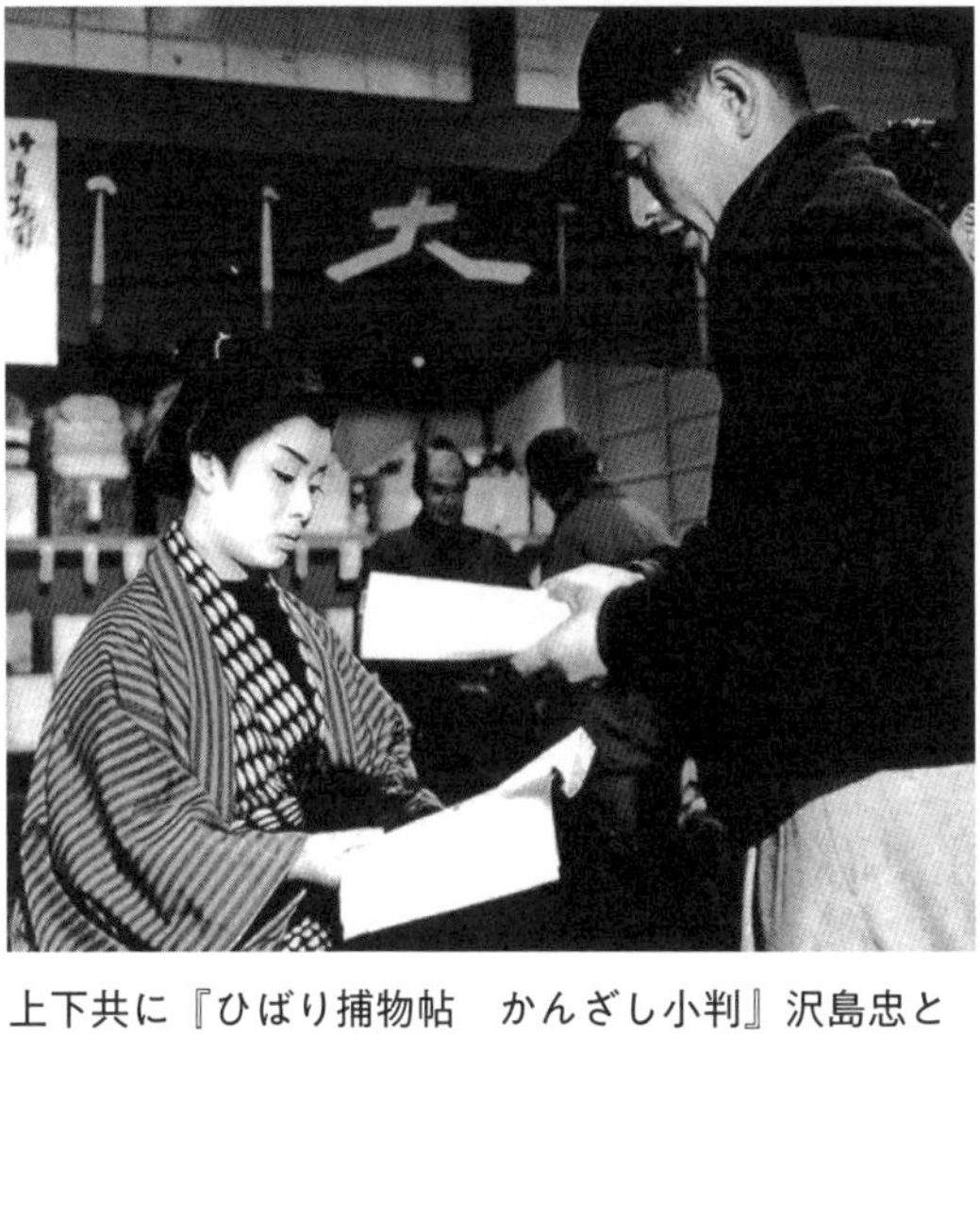

上下共に『ひばり捕物帖　かんざし小判』沢島忠と

昭和三十三年
ひばり捕物帖
かんざし小判
美空ひばり

自雷也小判
美空ひばり

宇治みさ子

映画タイトルに名前が入るほどの時代劇女優・宇治みさ子

時代劇の名脇役だった田中春男の娘で京都生まれ。昭和二十七年四月に、小さい頃より可愛いがってくれた、早撮り名匠の渡辺邦男監督の紹介で新東宝に入社した。スタートは芸名山中美佐で『チャッカリ夫人とウッカリ夫人』（昭和二十七年、渡辺邦男監督）の娘役だった。

新東宝時代劇では大活躍で、映画のタイトルに〝宇治みさ子の〟と名前が入る程のスターだった。新東宝の大藏貢社長はカツドウ弁士上りの面白い経営者で、映画のタイトルを長ったらくして、二本立のように観客に錯覚させてダマしてしまうような作戦をとっていた。だから、宇治みさ子を女剣戟王に仕立て『女剣戟王宇治みさ子の　大暴れ女侠客陣』（昭和三十三年）なんていうのがある。私はこんな大藏商魂が好きだ。他に『宇治みさ子の緋ぢりめん女大名』（昭和三十三年、毛利正樹監督）『謎の紫頭巾　姫君花吹雪』（昭和三十二年、毛利正樹監督）など、他社出演も入れて計七十六本ほどに出演。

昭和四十二年に、日本テレビのプロデューサー野崎元晴氏と結婚した。野崎氏は当時「笑点」のプロデューサーだった方なので、私もお世話になり縁があった。

［書き下ろし］

宇治みさ子の
大暴れ女侠客陣

千原しのぶ

薄幸な感じのする、男が守りたくなるような雰囲気の女優・千原しのぶ

本名は石原知子で、東映の御大片岡千恵蔵と父が親交がありスカウトされての、東映入社。したがって、本名の石原の石を千恵蔵の〝千〟に変えて、千原の芸名となった。

細おもて細身の美人で、なにか薄倖な感じのする、男が守りたくなるような雰囲気の女優。デビュー作も片岡千恵蔵のお正月映画『忠治旅日記　逢初道中』（昭和二十七年、佐々木康監督）。山形屋という悪い親分に親から身売りされる悲しい娘を演じていたが、私は新宿の映画館でこのデビュー作をみてる。

彼女は、初代東映城のお姫様スター三人の内の一人で、他に高千穂ひづる、田代百合子。二人が抜けてしまったので大忙しとなり、何と昭和二十九年から三十一年迄の三年間で、六十本の映画に出ていたというからもの凄い仕事量だ。

代表作は何といってもマキノ雅弘監督、大友柳太朗と共演した『仇討崇禅寺馬場』（昭和三十二年）だろう。平成二十一年六月に「中村錦之助十三回忌〝錦之助映画祭り〟ｉｎ京都Ｐａｒｔ２」にゲストとして登場〝車椅子で酸素呼吸器をつなげながら元気な姿をみせた〟と来歴にあるが、車椅子で酸素吸入では元気ではないと私は思うのだけれど……。

［書き下ろし］

千原しのぶ

田代百合子

中村錦之助の相手役で売り出した日本美人・田代百合子

東映の初代お姫様役三人衆の内の一人、『新諸国物語　笛吹童子』三部作（昭和二十九年、萩原遼監督）で、主演中村錦之助の恋人役桔梗を演じ、がぜん売出してトップスターになった日本美人。昭和二十八年に東宝から東映に移る。『里見八犬傳』五部作（昭和二十九年、河野寿一監督）でも錦之助、東千代之介と共演、中村錦之助との共演が多い。『新選組鬼隊長』（昭和二十九年、河野寿一監督）では錦之助の沖田総司が胸をわずらって病んでいるのをかいがいしく献身的に世話する娘をうれしそうに演じていた。やはり錦之助との現代劇『青春航路　海の若人』（昭和三十年、瑞穂春海監督）では港町の年増芸者の田代百合子が、酔漢にからまれて足をくじき、錦之助におぶさっていたシーンがあり、仲良い二人に、全国の錦之助ファンから抗議の手紙が殺到したという、つまり錦之助の背中に、女優の乳房や太ももが触れるからというヤキモチかららしい。

余談だが中村錦之助は映画の中で、よく相手女優をおんぶする人で、『八百屋お七　ふり袖月夜』（昭和二十九年、松田定次監督）の美空ひばり、『満月狸ばやし』（昭和二十九年、萩原遼監督）の高千穂ひづる、『獅子丸一平』五部作（昭和三十、三十一年、萩原遼監督）の千原しのぶ、『剣は知っていた紅顔無双流』（昭和三十三年、内出好吉監督）で大川恵子等を背負っていたのだ。

［書き下ろし］

田代百合子

高千穂ひづる

個性豊かなお姫様・高千穂ひづる

高千穂ひづるが時代劇女優として、いちやくトップスターとなり、アイドルとなったのは、東映のお子様むけ映画『新諸国物語　笛吹童子』で中村錦之助と共演の妖術使い胡蝶尼役を演じてからだ。「俺がルールブックだ」のプロ野球審判員二出川延明のお譲さんである。いつも育ちの良さそうな雰囲気の、私の大好きだった女優さん。

昭和二十三年に宝塚歌劇団に入って、高島忠夫の奥さんになった寿美花代が同期生というのだから、彼女は歌って踊れる。

昭和二十八年に東映に入って初代三人娘（田代百合子、千原しのぶ）でお姫様を随分こなしたものだ。「お姫様役といっても、割合意地っ張りだったり、わがままな個性を出すようにしました」と彼女のエピソードにあるが、ご本人によると出演映画は二百本ほどあるが、その内時代劇は百本ほどという。昭和二十八年から三十年にかけて、夜行列車で京都、東京を往復、過労で何度もたおれた。

昭和三十九年に「月光仮面」の大瀬康一と結婚して引退、二人でラーメンチェーンのオーナーになった。

［書き下ろし］

高千穂ひづる

大川恵子

気品のある、いちばんお姫様らしい女優・大川恵子

昔、月刊誌「平凡」という芸能誌があって、そこで「ミス平凡」に選ばれ、一九五六年東映の第三期生になった。里見浩太郎、桜町弘子らの同期の人。

気品のある、しっかりした？　美しさ、二代三人娘の中でも落着きがある。

いちばんお姫様らしい人だから、三人が共演した『鶯城の花嫁』（昭和三十三年）では大川恵子が長女、桜町弘子が二女、丘さとみが三女となっていて松村昌治監督も心得たものだった。

大川恵子は東映時代劇の絶頂期、昭和三十五年には二十本近くの映画に出演している。一ヶ月平均二本の出演だ。セリフを覚え、役柄をつかむだけでも大変だ。

大川恵子出演作に付き合いの多かった松田定次監督は、「東映時代劇の主演者は七人いる。七人のスターに比べて娘役は七人いない、だから出演作が二本、三本、とダブッテしまう……」と語る（畠剛「松田定次の東映時代劇」ワイズ出版、平成十三年）。

ところで、黄金期の東映時代劇で、男優の大活躍の中、大川恵子主演の『姫君一刀流』（昭和三十四年、隅田朝二監督）、唯一の映画がある、とても珍しいことです。

［書き下ろし］

大川恵子

桜町弘子

町娘、武家娘、お姫様、様々な役を演じた女優・桜町弘子

桜町弘子は東映の名匠松田定次監督に、伊東下田でスカウトされた女優。そんな縁で松田監督の作品に町娘、武家娘などでよく出ていた。

昭和三十四年、大川橋蔵主演の『新吾十番勝負』で、新吾と共に秩父の山奥で育つ幼なじみのお縫を演じていて、のちに大奥の女中になる。調べてみると桜町弘子は、新吾ものの最終作『新吾番外勝負』（昭和三十九年）までお縫をやっていたがいずれも松田定次監督（一、二、三、四部は病気のため大川恵子が代役）。お縫役というのは、新吾の母（長谷川裕見子）の世話をする江戸城大奥の奥女中。

手元に資料がないので出演作をさがし、亡き桂歌丸師匠からいただいたＶＨＳ東映『火の玉奉行』（昭和三十三年、深田金之助監督）、アマゾンから取寄せた『大江戸七人衆』（昭和三十三年、松田定次監督）の中で桜町弘子をみつけた。

千恵蔵の金さんで薄田研二の絵師の病身の孝行の娘。七人衆では薄田研二の悪旗本にせまられる腰元。真逆の役を薄田がやっていて驚いた。チャンバラ映画は面白い！

桜町弘子は他の時代劇女優とちがって、任侠映画時代に入っても『骨までしゃぶる』（昭和四十一年、加藤泰監督）などの主役作品があり、そして任侠映画でもヒロインを演じた。

［書き下ろし］

桜町弘子

丘さとみ

美空ひばりに貫禄負けしないお姫様・丘さとみ

丘さとみ、大川恵子、桜町弘子と二代三人娘の内、いちばん芝居がウマイと言われていたのが丘さとみ。

お姫様から、田舎娘迄の役柄も幅広く、私が覚えている作品では昭和三十八年の松田定次監督『血と砂の決斗』。大友柳太朗と近衛十四郎の対決で、大友がクロサワ（黒澤明）の『七人の侍』（昭和二十九年）を一人でやってるような面白い時代劇だったが、紅一点で丘さとみが健気な戦国時代の女を好演していたし、大スター美空ひばりとも何本か共演していて、大スターひばりを向こうにまわして貫禄負けしていなかった。

売れっ子の彼女は東映時代劇全盛期昭和三十五年には、年間二十五本の作品に出ていたというから驚きだ！

昭和二十八年、高校在学中に、ディズニーアニメーション映画『シンデレラ』（昭和二十五年アメリカ、二十七年日本公開、ウィルフレッド・ジャクソン、ハミルトン・ラスク、クライド・ジェロニミ監督）公開記念コンテスト（「日本シンデレラ姫コンテスト」）でミスシンデレラに合格。東映にスカウトされたという、やはりお姫様からのスタートだった。

［書き下ろし］

丘さとみ

中村玉緒

気さくなスター、勝新太郎夫人・中村玉緒

中村玉緒は木久扇の女房だった、と書けば驚かれるだろうが、むろん映画の上でのことで、芸界大先輩、大好きな勝新太郎夫人の中村玉緒と、木久扇との夫婦役のキャスティングは、あの生前の名匠市川崑監督だったのだ。平成十八年の映画『犬神家の一族』、前作昭和五十一年のリメイク版で、東宝が総力をあげた作品、市川崑監督としては二度目の作品化、私の役は事件にからむ商人宿、柏屋の主人、女房が中村玉緒という設定だった。ゴムの仮面をかぶった犬神佐清《すけきよ》の尾上菊之助のいる二階の部屋から、宿帖を手に階段を下りてくるシーン、顔をグルグルと包帯でまとった不審な人物をいぶかっている主人の私、「カット！」市川監督から大きな声がかかる、

「あなたね、宿の部屋に顔をおおったホータイ男がいるんですよ、階段を下りながら何度かふりむいてはてな？　と二階を見上げなきゃあ、どんどん階段を下りてきてはおかしいでしょ……」

でやりなおし。

やっと本番になり、私がやれやれと階段を下りきった処に右手の暗闇から女房が顔を出す、私がびっくりして「ギヤー」と叫ぶ、ここでカットとなった。

気の毒に中村玉緒の登場はユーレイ扱いの喜劇調だった。

中村玉緒
木久扇

この『犬神家』出演者の豪華なこと、金田一耕助が石坂浩二、犬神家の姉妹に富司純子、松坂慶子、萬田久子、さらに三谷幸喜、石倉三郎、尾藤イサオ、大滝秀治、加藤武とスゴかった。

撮影のあい間に私は中村玉緒と色々お話出来た。

大映でのデビュー作、長谷川一夫の銭形平次、『銭形平次捕物控　幽霊大名』（昭和二十九年、弘津三男監督）、のときの輝く美しさ、木久扇は、旦那サマのカツシンさんに三回もご馳走になっているんですよ、とお礼申し上げたり、目のクリクリとした実に気さくなスターは、「そうでしたか、そうでしたか」とうなずいて話を聞いて下さった。

中村玉緒は京都生まれ、父は歌舞伎役者の二代目中村鴈治郎。

夫の勝新太郎と大映に所属して二枚看板だった市川雷蔵とは、父と同じ上方の歌舞伎役者だったことから、幼馴染みで、早世した雷蔵のことは兄のように慕っていたそう。

［書き下ろし］

花柳小菊

数え切れない程の思い出…… お世話になった恩人・花柳小菊

二〇一一年一月に八十九歳で亡くなられた、時代劇映画を支えた大女優、花柳小菊は、私にとって画期的な想い出のある方だ。

生前、随分とお世話になった恩人。きっかけは私の著書『キクゾーのチャンバラ大全』（平成十三年、ワイズ出版）での〝花柳小菊、林家木久蔵対談〟であった。カメラマンとして私の弟子、林家彦いちを連れて行った。さすが花柳小菊大スターはカメラの位置に厳しく、「あなた、私の顔撮るならこっち側よ！」と、右のほっぺたを指さすのだった。落語界一のカメラ小僧が、大汗をかいていたが、シーンの写真の出来上がりは上々だった。

「あたくしはね木久蔵さん、随分、東映の作品に出てますけどね、別に専属じゃなかったのよ……」

「えっ！」と私は驚いた。

もともと、花柳小菊は神楽坂の芸妓の半玉だった。

「映画の世界に入ったのが十四歳ですからね」

「えっ！」私はまたびっくり……。

「一本だけって約束で出たのが『恋愛人名簿』（昭和十年、大谷俊夫監督）。そしたらこれが、お客が入っちゃったんです。もう一本、もう一本って言うんで、ですから私、昭和十九年まで芸妓やめてました。本当は舞台が好きだった」

日活の多摩川で現代劇に出ているうち、時代劇の方からも声がかかる。

「私が初めて時代劇に出たのが阪妻さん（阪東妻三郎、田村高廣・田村正和の父）の『恋山彦』（昭和十二年、マキノ正博〈雅弘〉監督）で、富士山のふもとにロケーションに行くと『ホームシック大丈夫？』ってお菓子を持ってきて下さったこともありました。たいがい妹と一緒だったんですけどね。恋人役で私が十六で、阪妻さんは四十近いんですからね……」

対談はいろいろ面白い話で盛上ってゆく。片岡千恵蔵と共演した時のこと。

「私、現場で笑ってしまったんです。主役の片岡千恵蔵さん、私より背が低いんです。私が長身ですから、並ぶと私を見上げるようになってしまう。ですから、助監さんが私の足元に穴を掘って、その中に私が立って。カメラに映ると私の方が背が低くうつるように工夫して、ロングの時は、カメラの手前の方に千恵蔵さん、奥の方に私が立って向きあうように撮影したのよ。背盗まなくて済むのは、市川右太衛門さんがまあまあ。それでも髪結うとこーんなにまた背がのびちゃってね、私の方が！」

「アハハハ！」思わず私の高笑い。

寄席の話も伺ったりして、これが大女優は実にお詳しかったのです。

「私は子供の時、小学校の時、神楽坂にいたでしょう。神楽坂にも寄席があって、うちの両親は、毎晩行くんです。だからちゃんと定席が決まっていたんですけど、ですから私も毎晩一緒に行って落

『いれずみ判官』

『飛びっちょ判官』片岡千恵蔵と

『変化大名』市川右太衛門と

長谷川先生とは
随分舞台で共演しましたが
映画での共演はありませんでした。
長谷川一夫
花柳小菊
木久扇

語を聴きましたよ。

桂文楽（八代目）さんなんて、若旦那やらせると、あんなに品のいい、実によろしい落語でしたよね。幇間《たいこ》とかね。もう本当にあの方が好きで、人形町の末広亭まで行きましたよ。

私のごひいきはおじいさんばかり、文楽さんに、六代目・菊五郎でしょう。お能は梅若万三郎、この方たちはみんな私より四十ぐらい上の方ばっかり。すばらしかったですよね。毎日観に行かされて……」

もっと晩年になって、私が上野・鈴本夜席の主任をつとめた時、大女優・花柳小菊に御案内を差し上げたところ、お一人でコッソリ観にきて下さった。と言っても背が高いし、うす紫色の着物、色っぽくてさっそうとしているから他の客が気付かない訳はなく、寄席の前から五列目左側に腰かけていたが、あたりはザワめいていた。

終演後、鈴本の木戸口までお送りして……「如何でしたか？」。おそるおそる伺うと「良ごさんしたよ」とおっしゃった。

私のかけた演目は「昭和芸能史」。ふんだんに時代劇スターの得意のモノマネを、阪東妻三郎、片岡千恵蔵、市川右太衛門、長谷川一夫とちりばめ熱演し、大いにウケた晩だったから、この言葉の有難かったこと……。

おまけに数日後、〝祝花・花柳小菊〟としたためた祝儀袋が贈られてきて、私の身はふるえた。

恵比寿にあるビル六階の、お住まいにも私は何回かお邪魔して取材させていただいた。

この頁には書き切れない程だが、映画より芝居が好きで新派の劇団に入り、次代の水谷八重子にと

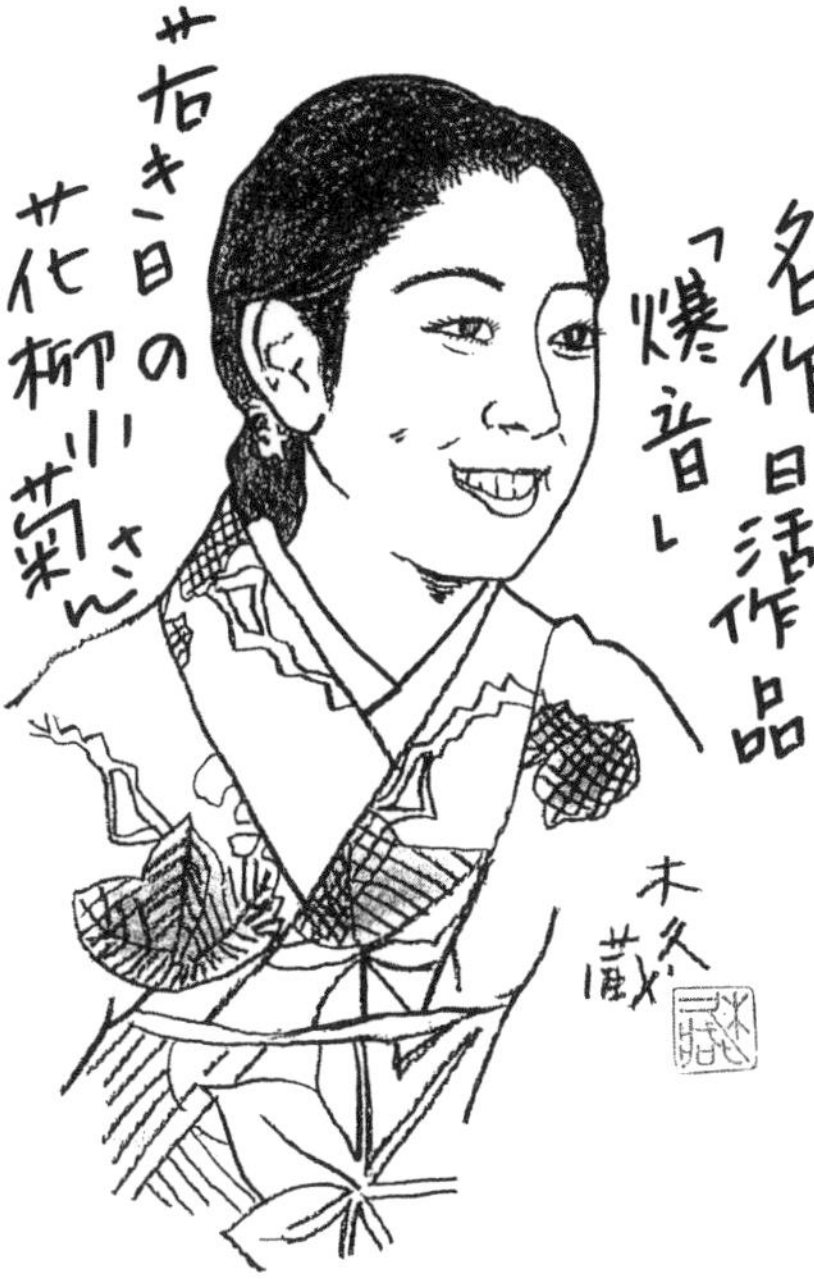

望まれていたこと。長谷川一夫とは随分、舞台で共演したが、映画では一本もなかった……。東宝映画の戦後大ヒット作『青い山脈』前後篇（昭和二十四年、今井正監督）の中で木暮実千代演じる芸者役は、はじめに花柳小菊に出演交渉があって、予定がとれなかったこと。新国劇の「シラノ・ド・ベルジュラック」のロクサーヌ姫もやってますよ！　など。花柳小菊先生、有難うございました。

［魂］

第二章　この道

イケメン

私の落語家入門が昭和三十五年八月、なんと私の落語家生活はもう六十年になる。つくづく遠くへ来たもんだの想いです。

過日、東京・上野精養軒で落語協会新真打ち五人の昇進披露宴が午前十一時からあり、早めに出掛けてみると、フジテレビ系列の朝番組「めざましテレビ」のスタッフが待ち受けていた。「なぜイケメン落語家に今の若者たちがハマルのか?」という内容のインタビューだった。

若い女の子たちに人気があるのは落語芸術協会では瀧川鯉昇《たきがわりしょう》師門下の瀧川鯉斗《こいと》、春風亭昇太《しゅんぷうていしょうた》門下春風亭昇々《しょうしょう》、春風亭昇吉《しょうきち》、柳亭小痴楽《りゅうていこちらく》か。わが落語協会は会長柳亭市馬《いちば》の弟子柳亭市弥《いちや》、内輪になるが林家木久扇《はやしやきくおう》門下林家木《き》りん、といったところか。

私たちの若手だった頃と違って楽屋口で出待ちの若い娘たちが花束や、チョコレートをプレゼントしてくれるのだから驚いてしまう。寄席は好況となってきたのか? 寄席の定席(上野鈴本演芸場、新宿末廣亭、浅草演芸ホール、池袋演芸場、国立演芸場)以外に、落語カフェをはじめ落語を聞くのにCDショップや渋谷ユーロスペース他の映画館でもやっており、全国で寄席が年間一万一千百三十七ヵ所で開かれているのだから驚きだ!

客席に髪の毛の黒い人がいっぱい来てる。これは素晴らしい寄席の活気だ。若い人が落語が好きになり聞きに来るモト。それは格好のいい男の子から昔の面白い噺《はなし》が聞ける! 入場料も安い!

弟子の林家木りんと

自分なりの新人発掘。せまい空間で息づかいがじかに伝わってくる、マンガ（落語心中など）でみる落語の世界そのまま、手の届くところにいるスター、なんていうところかなと答えておいたが……。

師匠として経済の話をすると、弟子がいることは師匠貧乏といって、まだまだ一人前に食べていけないからゴハンはただメシで提供している。林家木りんなぞ育ち盛りだから食うわ食うわ！

河童

アトリエを整理していたら珍しいものを発見した。名刺大の期限付き「カッパ捕獲許可証」である。岩手県遠野市観光協会発行、許可番号０１０１９１号、裏面には捕獲七ヵ条の注意書きがある。
①カッパは生け捕りにし、傷をつけないで捕まえること
②頭の皿を傷つけず、皿の中の水をこぼさないで捕まえること
③捕獲場所は、カッパ淵《ぶち》に限ること
④捕まえるカッパは、真っ赤な顔と大きな口であること
⑤金具を使った道具でカッパを捕まえないこと
⑥餌は新鮮な野菜を使って捕まえること
⑦捕まえたときには、観光協会の承認を得ること
読んでいるだけで面白くてワクワクする。しかし私のカード番号が０１０１９１号だから、愛好家が年間一万人以上、遠野市カッパ淵に押し寄せれば、カッパは一匹もいなくなり遠野市観光の目玉もパアになってしまうよ……？　要は捕獲許可証は遠野伝説の町おこしの夢を売る巧みなアイデアなの

だろう。

　もともと私はカッパと最も縁のある落語家で、私が昭和三十一年八月、漫画家を志し、書生として入門した清水崑《こん》先生は、筆で描く「かっぱ天国」など河童絵《かっぱえ》の第一線で新聞や雑誌で一世を風靡していた。当時、NHKテレビで「かっぱ川太郎」のモノクロ連続テレビ漫画を放映していて、その原画を私は鎌倉の清水邸から、横須賀線にのって東京の放送局へと毎日のように運んだものだ。「グリーン車に乗って届けるように」と崑先生が言うものだから、随分弟子を大事にする方だと思っていたら、描いた絵が電車が満員になった時にシワクチャになるといけないからという用心だった。

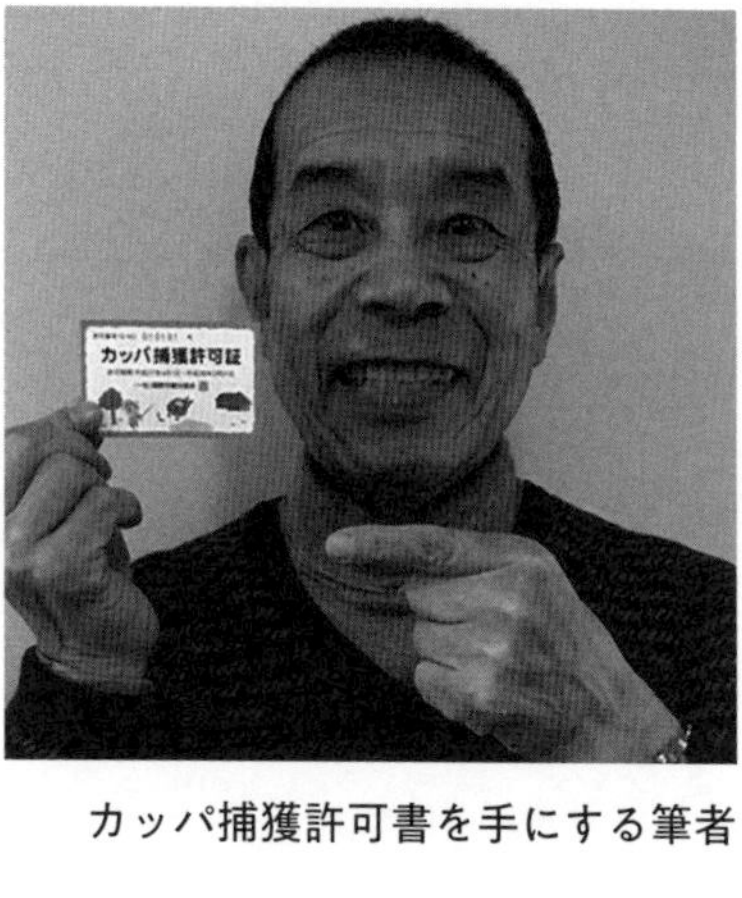

カッパ捕獲許可書を手にする筆者

　私が日本テレビ系列〝笑点〟の解答で「レロレロレロ」とよくカッパのモノマネをやって笑いをとるが、あれは二人の孫が大喜びするからで、カッパのファンレターも多い。カッパはお辞儀をすると皿の水がこぼれて死んでしまうと言うが、私は落語一席のたびにお辞儀をしているから何回あの世へ行ってることか。

弟子

　噺家は弟子をとる。別にこばめば良いのだが、慕ってこられればしようがない。私も八代目林家正蔵に入門、亡くなるまでに噺を教わり、タダ飯をごちそうになり、定期代を払ってもらい、大恩を受けた。恩返しだと思うので、弟子をとる。

うちに十番目の弟子で二ッ目の林家扇兵衛《せんべえ》がいる。入門五年、出身が神戸、体重一二〇キロ、身長一八〇センチの巨漢。相撲の高見盛（現年寄・振分）に似ていてまるでソックリ。いい声をしており、おじいちゃんとカラオケ通いで覚えたナツメロの、岡晴夫、藤山一郎、田端義夫の歌がウマイ、若いくせにである。

扇兵衛が入門してきて、私や家族が驚いたのは、雨の日にぬれてこないこと、多少は着衣にしぶきがかかっているものなのにぬれてない。兄弟子が様子をみていると、師匠の家にタクシーで通ってくるという、ぬれないわけだ。

世田谷の私鉄沿線の一駅、私の家から歩いて十五分の処に下宿しているハズが、歩いてこないでタクシーとは！　身体が大きいから動くのがシンドイのか、しかし私が車代を払うわけではないから別に小言は言えないし……。

そのうち彼のお父さんが亡くなった。資産分けがあり遺言で家作をもらうが、なんと貸家が十一軒。まだ前座だった扇兵衛が月末に集金にまわるというから、噺家の前座のくせに大家さんになってしまった。これにも驚いた。噺家は貧乏が相場。それがよく打ち合わせがあるのでお時間を下さい、と彼がいう。訳をきくと打ち合わせとは銀行の人と会う事で、定期的に予定表に入れているのだ。銀行と打ち合わせがアル落語家なぞ一人もいない！

扇兵衛はよく働く、二ッ目、前座仲間にもごちそうするので好

弟子の扇兵衛と

かれていて、楽屋の師匠のウケもいいし、落語も堂々としゃべる。ただいまは、敬老会の仕事が多く、一席やってから、「♪啼《な》くな　小鳩よォー」とみなさんと合唱している。

今や落語家の修業時代は様変わりなのだ。

謎かけ

学校寄席、というので、全国の小学校、中学校、高等学校をまわっている。春や秋に多く、月に七、八ヵ所頼まれることがある。授業の一環として芸術鑑賞と名付けている学校もあり、落語会は若い笑い声がはじける。

木久扇一門で私と弟子たち五人が一座、オープニングが全員の紹介と生プログラム謎かけ。それから二代林家木久蔵の出囃子《でばやし》解説、生徒を舞台にあげ太鼓を叩《たた》かせたり、しぐさの指導。おそばを食べたり、まんじゅうを食べたり。担任の先生も舞台によぶと、しぐさが生徒たちより下手だったり爆笑のうず！　たいそう盛り上がる。

そして第二部は落語。分かりやすい演目の「寿限無《じゅげむ》」「初天神」「まんじゅうこわい」「時そば」「てんしき」などが喜ばれる。

「謎かけ」というと、むずかしいものだと思っている人が多いが、同意語、同義語のコツさえつかめば面白く、昔の武士の教養にさえなっている。鎌倉時代末期に吉田兼好が書いた徒然草にも「謎々遊び」に熱中しているさまが記されているくらい。

〝新聞の朝刊とかけて、お寺のお坊さんととく　ココロは今朝（袈裟《けさ》）きて今日（経）よむでしょ

う

〝うぐいすとかけて、田舎のお葬式ととく　ココロは鳴きなき（泣きなき）梅（埋め）にゆきます〟

と、キレイなのがあるし、学校寄席で生徒の出題が「学校とかけて」だと、

「この学校とかけて、甲州ぶどうととく　ココロは生徒が粒ぞろいです！」

出題が「先生とかけて」なら、

「当校の先生とかけて、繁盛している喫茶店ととく　ココロはいいティーチャー（先生）が出ます！」

私もお手伝いしたので、ぜひご紹介したい本がある。『なぞなぞ学』（稲葉茂勝著、ウノ・カマキリ絵、今人舎《いまじんしゃ》）。起源や世界のなぞなぞが紹介されていて、謎かけの作り方まで、いやあ勉強にナル！

2014年秋、学校寄席の楽屋にて
木久扇一門

時代劇・殺陣

過日、東京・新橋演舞場で劇団☆新感線「乱鶯《みだれうぐいす》」を観た。笑いの多いこの劇団の本格的時代劇というふれ込みで、オープニングとラストに大盗賊である主演古田新太の大立ち回りがある。スピーディーでテンポもよく、カラミ（斬られ役）のうまさもあってなかなかの迫力だ。近頃私としては収穫だった。

テレビでは最近時代劇がめっきり少なくなり、ＮＨＫの「真田丸」、滝沢秀明主演「鼠《ねずみ》、江戸を疾《はし》る」くらいのもので、民放ではめったにみなくなってしまった。

私は子どものころから時代劇、チャンバラが大好きで、遊びも棒っきれをふり回しての立ち回りをよくやった。

日本映画全盛時に見た時代劇映画の殺陣のうまさのランキングを自分でつけていた。一位は嵐寛寿郎の鞍馬天狗。スソが乱れない太刀さばきで敏しょうに動く身体、刀のきっ先が伸びて速い。二位は長剣を自在にこなすスピーディーな斬り口、柳生十兵衛がはまる近衛十四郎。三位は座頭市の勝新太郎、盲目の逆手斬り剣法が一世を風靡。あと拝一刀の若山富三郎、椿三十郎の三船敏郎と続くが……。

東映時代劇の殺陣師は足立伶二郎、松竹が川原利一、大映は宮内昌平、とまで子ども心に覚えていたくらいだった。

で、野球が苦手な私は、何かひとつ特技をもたねば友達に馬鹿にされると発心して道場「大義塾」をたずね、剣道入門となったのが高校生の時。竹刀の稽古は想像していたよりもきつかった。

今、殺陣が一番うまいのは高橋英樹さんだ、とテレビ「三匹が斬る！」で共演した春風亭小朝師が言う。「なにしろ八手ぐらいの立ち回りを一度で覚えてしまい、本番ＯＫ！　が出るんですから！」と教えてくれた。テレビのバラエティー出演が多くて残念な高橋英樹さんは、実は歌舞伎の二代目尾上松緑丈のお弟子で本格派。踊りが藤間流というわけだから、もはや元日活アクションスターの面影はない。

鞍馬天狗を演じる筆者

歯

歯並びがいいと格好がいい、そして白い歯でニッと笑えば人に好かれる、これだ！　と気がついたのが小学校四年生の時。よく洋画をみていたが、主役のゲーリー・クーパー、クラーク・ゲイブル、ジョン・ウェイン……みんな笑うと横にひらいた口もとが白く、歯並びがいい。

歯の手入れに外国人は糸ようじを使っていることなど知らないから、子どもも心にもどんな歯ブラシを使って歯を磨いているのだろうと興味しんしん。以来、私も歯の手入れにまい進し、インプラントは入れてはいるが、前歯、奥歯とともに自分のものでニッと笑うのが、七十八歳になった頃でも自慢。亡くなった三波伸介さんによく言われた。「キクちゃんの歯はトウモロコシみたいだ！」

歯は食物をかみくだき、消化を良くして体内に食物を送り込む大切なところ。私の歯の健康法は友人から教わった毛抜き歯ブラシを自家製でつくり、これを日常持ち歩き使うこと。

では毛抜き歯ブラシとはどういうものか……。普通の歯ブラシは、毛並みが平行になっており、硬い毛が歯間までなかなか届かないから、食べカスが口臭になり虫歯を起こし、というわけで毛先が歯間にキッチリと届くようにする。毛抜き歯ブラシとは歯間にも毛先が入るのを邪魔する毛束を、とげぬきで抜いてしまうことなのです。

例えば普通の歯ブラシは毛束が三列か四列植えてある、これでは毛が多すぎて歯間に入らない。だから四列歯ブラシだと左右の外側二列を抜いてしまう。毛束はしっか

愛用する毛抜き歯ブラシ

りと穴にＵの字に固定されているから根気よくとげ抜きで一本ずつつまみ、二列の歯ブラシになる。が、まだ毛が多いから今度はタテの列を一つおきに毛束を抜いて出来上がり、これをいつもカバンにしのばせていればキレイな歯を保てるのです。

余談ながら、日本で一番古い総義歯の発見は、一五三八年の今川義元の時代。フランスでは一七二〇、三〇年代（徳川吉宗の時代）にフォシャールという人が総義歯をつくったのだから、義歯にかけては日本は世界のトップなのですぞ！

発明

縁あって年の暮れは毎年ニューヨークへ家族連れで出掛けていた。五番街のペニンシュラホテルの斜め向かい側に、友人がニューヨークで初めてラーメン店を開店し、お祝いにラーメン党会長の私が花を添えに訪れたのが最初。以来ニューヨークにハマった。

ブロードウェーのミュージカルは十日間のニューヨークの滞在期間中は三つは観たし、オフ・ブロードウェーの小芝居で、ヒットする前の〝ブルーマン〟の舞台に大いに笑ったものだ。

一九九〇年代に家族連れでニューヨーク近代美術館（ＭｏＭＡ）に行くと、当時大学生だった長男（二代目木久蔵）が売店を指さして「あっ！　お父さんがいる！」と呼ぶから見ると、絵はがきが並んでいる棚にペーパーバックとなって、私の顔写真が表紙に載っている。いやァ、びっくりした。

さっそく一冊求めると「ｕｎｕｓｅｌｅｓｓ　ＪＡＰＡＮＥＳＥ　ＩＮＶＥＮＴＩＯＮＳ（役に立たなくもない日本の発明）」のタイトル。私が頭のカーブになったＹ字形のクシで髪の毛をいっぺんにとかしながらオモシロイ顔をしている図。

私はユーモア発明で、六十種以上の創作をしている。例えば「坂道を登る時の下駄」。前歯を外し足ぶみする度に豆電球が足もとを照らす作品。「人肌徳利《とっくり》」は腹巻きの陶器製ぬる燗《かん》徳利、三日月を横にして腹に巻いてるようだ。

ヒット作品が二点ある。

「平等急須」は注ぎ口が二つ付いている急須。いっぺんに二つの湯飲みにお茶が注げる。客が多い時は早めに支度できるし、二つとも茶の味が同じなので平等急須。

筆者の顔写真（中央）が表紙に載ったペーパーバック

「差別急須」は急須の両側に注ぎ口がついてまん中にとっ手。なぜ差別急須なのか？　お茶は一杯目はゴミとホコリがまざって出て、うまくも何ともない、二杯目から茶が開き渋くて甘くなる。だから一杯目はよくゆすって嫌いな客に注ぎ、二杯目は自分のためにうまいお茶を注ぐ、このアイデアには苦心した。

ルーツ探し

外国映画のヒット作に、日本映画やテレビ作品を下敷きにしたものがたくさんある。世界的な巨匠黒澤明監督の東宝映画『隠し砦の三悪人』（主演・三船敏郎）は、G・ルーカスのハリウッド映画『スター・ウォーズ』となり、映画の中で大活躍するコンビのロボットは〝隠し砦〟のワキ役千秋実がC

－3PO、背の低い藤原釜足がR2－D2のモデルだ。一九六二年から始まったわが国のテレビ映画「隠密剣士」（主演・大瀬康一）は海外でも人気沸騰。七九年に公開され大ヒットしたオーストラリア映画『マッドマックス』（主演・メル・ギブソン）に影響を与え、オーストラリアに忍者ブームを起こしたといった具合。

私はそのルーツになるストーリー、配役などをもうすっかり忘れてしまい今頃になってあれこれ調べ面白がっている。私の新作落語「昭和芸能史」があるが、その資料としても旧作映画は大切、そこで通販に頼っている。

さる日、朝刊の一ページ全面になつかしい映画通販の広告があった。さあ私はカッと頭に血がのぼり片っ端から申し込んだ。東映『宮本武蔵』五部作（内田吐夢監督、中村錦之助主演）、同じく東映・片岡千恵蔵／市川右太衛門主演もの、清水次郎長をはじめとするオールスター作品六作、東宝の黒澤明監督、三船主演で六作（『七人の侍』他）、テレビ映画から「隠密剣士」（大瀬康一主演版）で三十七話、といった内容。

通販で購入した作品

さあ、作品の到着を待つばかりとホクホクしていたら、ウチの奥さんから「ちょっと待ってよ、調べてみるから……」と声が掛かった。何しろ高額になるのでインターネットで同じ作品を検索すると新聞広告のものより安くなるかもしれないという賢明な案。ネットで調べてみるものでトータルの25％も安くなり、映画一本につき五百円ずつ値が違う。女性の経済頭脳にはほとほと感心させられた。

目下のところ、名作の全巻が月々送られてくる。「お父さん、新刊本の場合もインターネットだとポイントがもらえるのよ！」と奥さんから教えられた。買い物はよく考えて！　するもの。

日本橋久松町１

私の生まれは東京都中央区日本橋久松町。父鈴木信雄は雑貨問屋のあるじ、晩婚の母縫子との間に生まれた私が長男の洋で、澄江、清美と二歳ずつ離れた妹が二人いる。店の使用人は川崎さんと呼ぶ中年の番頭さんと若い店員二人がいた。そして同居が父方の祖母鈴木イト、父の姉にあたる鈴木コト、小学上級生の息子幸雄。

大所帯だから母は大変で、朝ごはんの支度が二度、ヒルは番頭さんたちの分も入れてたくさん作る。なので父は母の苦労を思って平日の晩ごはんは毎日必ず外食とした。

これが子どもにはうれしかった。夕方、父と私が銭湯から外に出ると、母や妹たちと合流して久松町からスグ隣の人形町へくりだす。

だいたい人形町は料理屋、待合、芸者屋の三業者が営業する三業地のまん中だから周辺はうまいもの屋だらけ。洋食なら今でもある芳味亭、寿司は喜寿司、中華料理は大勝軒、と父のひいきが決まっていて、八十一歳になった今でも覚えている味は揚げワンタンの香ばしさ、洋食を食べたあとに出てくる手製のプリンの淡い甘さ、美味しさというものは生涯の想い出になるものだ。

幼い妹たちともよく遊んだ。店は木造の二階建て、階上がうちの家族と祖母たちの部屋二つに分かれていて、階下は店。ほうきにハタキ、タワシにザル、みがき粉、

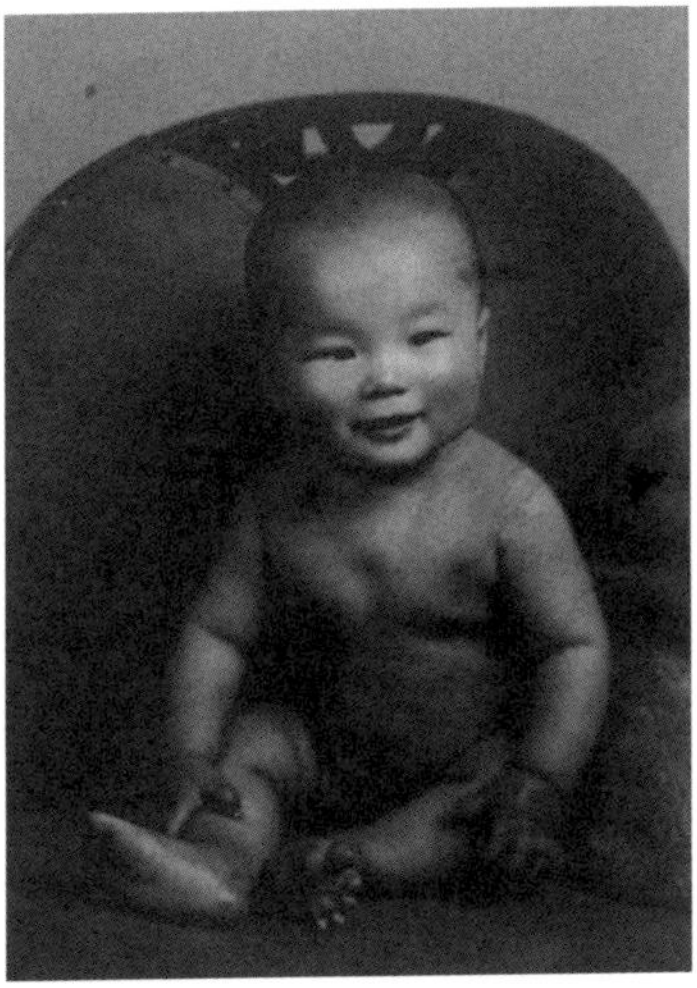

一歳の頃

ちり紙の束、バケツ、ぞうりにスリッパと山積み。

その雑貨が梱包されたまわりを、子どもたちではしゃぎまわり、父によくしかられた。

家族で三毛猫を飼って可愛がっていた。変わった猫で、尾っぽが傘の柄のように曲がったまんまで面白かった。

ある時、子どもたちが猫を追いかけまわし、子猫がいやがって、ムシロで包まれた荷の上を爪を立て、かけ上がってゆき、ずり落ちて尾っぽがカーテンの針金に引っかかった。逆さまになった猫が、尾っぽだけでぶら下がりブランブランゆれている。兄妹は指さして大声で笑った。

日本橋久松町2

父の店「鈴木商店」は、東京・人形町から浜町へとむかう大通りと、明治座から浅草橋へゆく大通りの交差点の、一つ手前の道を入った処にあった。店の向かいが元久松伯爵邸だった久松警察署長の屋敷、右手が久松警察署、左が久松小学校の校庭と校舎。店の左側はお隣がボタン屋、そして街角にあたる久松消防署。右の並びに竹内医院と大きな醤油問屋。

私がよく街並みを覚えているのは、幼い日の出来ごとと結びついているからだ。祭りの時に太鼓をドンドンと鳴らしながら山車を引っぱり、休憩になってクリームパンをもらっていた時、醤油屋の前に積んだ樽《たる》の山が崩れてきて、びっくりするくらいの量の醤油がこぼれて流れ出し、手にしたクリームパンも醤油のニオイになってしまった。

私が久松小学校付属幼稚園に入園した昭和十七、八年ごろに家の前の久松警察署の留置場に、築地小劇場で新劇をやっていた若きころの東野英治郎さんが捕らわれの身だった。後に私が落語家になり、テレビリポーターの仕事で、東映京都をたずねた時、〝水戸黄門〟のふん装のままのご本人から伺った。

昔は新劇の活動をしている役者は「アカ」と呼ばれて思想犯とされていた。そして、留置場に入る弁当は、後に東京都知事になる青島幸男さんの、お母さんがやっている堀留の店からの仕出しだったとも聞いたから、人生をむすぶ糸は面白い。水戸黄門と意地悪ばあさんと鞍馬天狗（私は鞍馬天狗のモノマネで売り出した）が、ここでつながったのだから。

ご近所には三木のり平さんの実家もあり、明治座の大道具をやって、ご本人は、田沼則子《ただし》という本名だったので女子だと思われ、兵役をのがれることができたとも聞いた。

久松町の隣にある浜町公園の砂場で、戦後にのべつトンボを切って（宙返りをして）遊んでいる兄弟がウワサになる。後に時代劇スターとなる若山富三郎、勝新太郎兄弟で、父の杵屋勝東治《きねやかつとうじ》宅が浜町にあった。

三歳の頃、母と

日本橋久松町3

二階に同居していた父の姉、伯母さんは、盛り場東京・人形町の隣、芳町の検番（芸者の紹介所）に勤め電話交換手をしていた。当時の電話交換は面白く、両耳にヘッドホンをつけて電話を受け「何番、何番」という相手の声にしたがって、壁面にズラリと並ぶ番号の穴に、指定されたどおり接続の棒を差し込んでゆく。

私が検番に遊びにいくと、伯母さんは簡単なお昼を作ってくれる。炊きたてのごはんの上に、焦げ目がつくくらいにあぶった青海苔《のり》をもんでのせ、その上からすこうし醤油をたらすだけ、しかしこれがプーンと海の香りでうまくて、子どもにとってご馳走だった。

昼間の検番は、若い芸者さんたちが何人も、三味線や踊りの稽古に出入りする。ほのかに脂粉が香って子ども心にも「お姐《ねえ》さんたちキレイだな……」と心ときめいたものだ。

普段でも賑やかな人形町は、水天宮様のお縁日ともなれば大層な人出となる。商店街の両側に露店が出て子どもたちの欲しいものばかり売っていた。

ハッカパイプ、シンコ細工、金魚すくい、飴屋、お面屋、かるめ焼、万華鏡売り、山吹鉄砲と、今でもスラスラと出てくるから、幼い頃の私のあこがれだったのだろう。

久松小学校付属幼稚園の園児になった私は、弁当袋をさげて幼稚園に通う。ところが教室で園長先生

五歳の頃

と〝お歌〟をうたっていると、よく祖母が早びきするようにと迎えにきた。

近くの明治座でかかっている歌舞伎が観たいので孫を連れてゆくというのだ。

私を誘う術は幕間《まくあい》で食べる二段弁当の卵焼き。早退して出掛けた芝居の演《だ》し物が、先代尾上菊五郎の「一本刀土俵入」、駒形茂兵衛がやくざと立ち回りしてやっつけるラストシーンが、格好よくて強烈な印象となった。「お蔦さん、これがしがねえ茂兵衛の土俵入りでござんす……」とセリフをうっすら覚えている。

東京大空襲

昭和十九年四月、私は東京都久松国民学校（現中央区立久松小学校）へ入学、町内から「万歳！万歳！」の声に送られ出征してゆく若者たち、軍靴がひびいて非常時になっていった。

子どもたちが歌っていた替え歌の

♪　トッテッタ　トッテッタ　何トッテッタ　ネコがねずみを　トッテッタ！

というのを覚えているが、あれは陸軍ラッパの音色がトテチテターと聞こえるのを洒落《しゃれ》たもの。

小学校の校庭には献納する鉄材のパイプや手すり、きずものの鍋や、アイロンまでうずたかい山に積まれており、空襲時の延焼を防ぐために、警防団による住んでいる家の間引きも始まった。

酒や煙草も配給制になり酒は一人二合。長い行列が酒店の前にできて、みんな割り当てられたキップをにぎってそこに並ぶ。私も父の代わりに並び順番をとって親孝行をした。

そして集団疎開も始まって久松小学校の児童たちは、ほぼ東北へと移動していなくなる。私は長男なので父が親元に置いておきたいといって久松小学校に残った。

何かの理由で疎開に行かなかった児童が、一年生から六年生までで四十名ぐらいだったろうか、一クラスに教室に集められ、授業は校長先生がやってくださった。

1944年4月、小学校に入学

真夜中に「ウーウー」とすぐ前の消防署の望楼から敵機来襲！　空襲警報のサイレンが深夜に響く。毎晩空が明るく、東京中が焼けていた。
母と子どもたち三人は都心よりはましだろうと杉並区高円寺の親戚の家に移る。ラジオを聞いているとトラック島で大敗、サイパン島で玉砕と放送され日本軍は壊滅状態のようで、食べ物も米が消えて、サツマイモ、ジャガイモ、カボチャの代用食となってきて子ども心にもマズイ。
そして昭和二十年三月十日の東京大空襲があった翌朝のこと。

縁故疎開

朝方、高円寺の家の玄関を叩く人がいるので開けると父が立っていた。全身がすすけて真っ黒で、髪はボサボサに焼けちぢれ、目は充血してまっ赤、着ている服は染みだらけ。ボロボロの自転車をひいてやっと立っている状態だ。

急いで母を呼ぶと父の姿を見たとたん母は泣き声で、さけんだ。

「よかった！　お父さん生きていた！」

妹たちも出てきて父に抱きつくと泣きだした。「お父ちゃん、お父ちゃん……」

父は警防団の団長をやっていたから、久松町に残り詰め所の薬箱を守っていたが、昨夜の空襲で家も町も焼け落ちて命からがら、途中で自転車をひろって日本橋から青梅街道を高円寺まで逃げてきたのだった。

「空襲警報のあと突然、地面が割れたように揺れて家のまわりに爆弾がおちてくる！　火の手があがって夢中で逃げたよ……」

久松小学校の正面玄関右手に大きな防火用水がある。父はその中に入って全身をぬらしてしのいだそうだ。周辺の火災で水もお湯になっていたけれど、用水桶の水を汲んでは体にかけて、夜を明かしたのだという。

父と母は相談して長男の私と祖母は縁故疎開することになった。青森県八戸市に住んでいる鈴木久次郎《きゅうじろう》という伯父。父の兄の家で世話になると連絡がつき、上野駅から東北線で尻内駅《しりうち》（現八戸駅）にむかい、そこから支線に乗り小中野駅《こなかの》で降り、伯父一家の住む日東化学の社宅に落ち着いた。六畳一間をあてがわれて、やっと祖母と私はホッとした。

伯父さんの家にも子どもが三人いた。食糧事情の悪い中、そこへ二人も食客が増えたのだから、まかないの伯母さんも大変だったろうが八戸の社宅で食べたごはんはおいしかった。

ちゃんとお米がたかれ、海が近いせいか、ニシンや、シシャモ、イカや生干しのカレイなんかがオカズに出てくる。目をみはった。

いじめ

小学校は日本橋の久松小学校から、疎開先八戸の柏崎小学校へ編入学した。日東化学の社宅の裏手へ出ると、ずーっと田圃《たんぼ》が続き、はるか彼方に木造校舎、田のわきを小川が流れていて、まるっきり生まれ育った日本橋の風景と違う。珍しいので私は大喜びだ。

いとこと一緒に通学しながら田圃のわき道を歌声をはずませ登校した。

♪　雨あめふれふれ
　田に畑に
　子どもはせっせと苗はこび
　つばめも飛びます　笠の上

いとこは、スキップしてはしゃぐ私の気持ちが理解できないのか、キョトンとしてた。

ところが、学校ではいじめにあった。

私は東京・日本橋生まれで言葉のナマリはない、ところが東北の子どもとなれば、しゃべり言葉は重く、会話がふしぎな語尾なのだ。

そんでなし　そんでなす
あんでなし　あんでなす
なし、なすというのは、それでなあ、あれでなあという八戸なまりだ。私の言葉にはナマリがない。新入生は不思議な奴だ、と同級生に思われたらしい。

いじめは黒板けしで制服のうしろを叩かれて真っ白にされたり、便所でオシッコをしていると突然うしろからつきとばされたりした。ランドセルには小石が入るし、上履きは隠される。いじめのグループは大体判ってきたから、いじめられないためにどうしようかと考えた。

いとこが少年倶楽部という雑誌をとっていた。ページの中の絵に戦争画がたくさん載っている。これだ！　と気がつき紙にエンピツで戦闘機、戦車、軍艦を、大家樺島勝一《かばしまかついち》、鈴木御水《ぎょすい》、伊藤幾久造《きくぞう》のさし絵から写して指でこすり、写真風に仕上げて一、二枚ずつ学校に持ってゆき、ものかげで左肩に名前を入れてうやうやしく渡した。いじめっ子の一人が驚いて、「おめえが描いたんか。えっ！　くれるんか！」と目をみはった。

玉音放送

私が絵がうまい東京の子だということがクラスに伝わって尊敬されたのか、いじめがなくなった。どうも小さい頃から外交上手だったようだ。

疎開先の駅小中野がある青森と岩手県内の駅名が面白かった。一戸《いちのへ》、三戸があって、尻内《しりうち》（現八戸）がある。尻から戸（屁《へ》）が出るとはヘタな洒落だ。線路に耳を押しつけると、みじかい車輛の列車の近づく音がひびいてきて、田圃のはるかむこう、伯父の勤めている日東化学、エントツから煙がたちのぼり空襲もなく八戸は平和だった。

八戸にいたのは半年ぐらいで、私と祖母は戦時中の東京へ呼び戻された。明日をも知れない昨今だから一緒に暮らそうということになった。ちょうど終戦直前のことだった。

父と家族は杉並区高円寺から、やはり同じ沿線の西荻窪へ移っており、久しぶりに逢う両親や妹たちの顔がまぶしかった。

そして八月十五日、終戦の時を迎える。

私が天皇陛下の玉音放送を聞いたのが、家の裏手にある桃井第三小学校の校庭で、運動場のまん中の演壇に緋毛氈《ひもうせん》がひかれて、その上にポツンとラジオが置かれていた。

大人たちが国民服やモンペ姿で立ってラジオを囲んでいたが、音声が流れてくると校庭に正座した。大人が地面に座ってしまったのだから、一人でいた私も何か大変なことが始まるんだなと、しゃがんだ。天皇陛下の声が流れはじめた。

「たえがたきをたえ、しのびがたきをしのび……」

ラジオの音声は時折ガーガーと雑音が入り聞き取りにくい。みんな泣いていた。地面につっ伏している人、手ぬぐいで涙をぬぐっている年寄りたち、私にはあまり状況がのみ込めず、立ち上がって走って家へ駆け込んだ。

今になって、私はあの時歴史の区切りにいたんだなと、その凄さを想う。

買い出し

昭和二十一年、戦後のどさくさである。人々は生きる目標を定められず、ぼうぜんとした表情で、よれよれの服をまとって、戦災の焼け跡にできた闇市をさまよっていた。

闇市では物資がないはずなのに、いろいろな食べ物を売っていた。何の肉だか分からない焼き鳥と串揚げ、米軍基地からさがってきた残飯を煮込んだ雑炊やすいとん屋台のまわりは人だかりがしてすごかった。

西荻窪駅の南口にも闇市ができていて、みんなお腹《なか》をすかせているから飛ぶように売れている。

戦後の風景は昭和二十一年ごろ街に流れていた歌を想い出せばすぐ浮かぶ。大ヒットしたのが並木路子、霧島昇の「リンゴの唄」、岡晴夫「東京の花売娘」、他に覚えているのが田端義夫「かえり船」、平野愛子「港が見える丘」、笠置シヅ子「東京ブギウギ」……芸能が大好きだった少年時代にすぐ戻れる。

とにかく食べるものがなかった。私と母はリュックサックを背負って、買い出しの食べ物と母の着物や帯の物々交換に、千葉県の誉田《ほんだ》駅から歩いて三里ぐらいの農家まで出掛けた。帰りのリュックに詰めたサツマイモは重かった。

行き帰りの汽車は、蒸気機関車の前まで人がしがみついていて、列車の開けっ放しのドアにもぶら下がり、網棚にも横になっている人がいるという混雑ぶり。

駅で列車待ちの時、母が生卵に髪のピンで穴をあけ、

「お兄ちゃん、お飲み」

とすすめてくれ、中身を吸ったら卵の黄身がスーッとノドの奥にひろがって、あれはうまかった……。

西荻窪で雑貨屋をひらいていた父の商売は、飢えの時代なのでタワシも竹ぼうきも売れず、景気があがらない。

奉公してノレン分けをもらい、日本橋の雑貨問屋の主人としてがんばっていた人が、めっきり老いて働かなくなりました！

本当に離婚

父の気が抜けてしまい、ささやかな雑貨屋も先細り。弟の淳が生まれ、祖母は亡くなっているので六人家族、母が懸命に働いて食べるのがやっとだった。父は周囲のすすめで弁当を持ち、旧《ふる》い商売仲間を頼り、職探しに毎日出掛けるようになる。

そして夕方、弁当箱を空にして父が帰ってくるのだが、一向に職が見つからない。母がこのことをこぼすのを見かねて、母方の伯父が父のあとをつけてゆくことになった。日比谷公園のベンチに一日腰かけて、弁当を半分食べて、残り半分を鳩にまいているという報告だった。どうやら毎日ボーッと、そんなことのくり返しだったらしい。

母は「これからどうしよう?」と困りはて近所の民生委員の方に相談すると、書類上の離婚を勧められた。一緒に住んでいても形式上は母子家庭になるので、国からお金がもらえる。離婚の手続きをするが、父にすれば知らないうちに物事が進んでゆき、プライドが傷ついたのか、次女の清美を連れて出てゆき、本当の離婚となってしまった。

「お兄ちゃんは長男だから、私の方についてきておくれ……」

母に言われた通り、私は西荻窪の家に残ったが、私は父も大好きだったので、子ども心にもう少し大人が何とかしてくれなかったのかと、父と母の別れをにくんだ。

雑貨の小売りは母がずっとやっていたが、それだけでは食べてゆけない。店は午前中、ヒマなので、母は駅前で新聞朝刊や宝くじを売り、住宅街の方に豆腐や油揚げを売りにも行った。自転車に乗れないので水をはったバケツをぶら下げて、幼い弟をおぶって歩いていたから、重くて大変だったろう。

母の姿をみかねて、何とか私も役にたちたいと荻窪第三販売所の朝刊の配達少年になった。販売所は荻窪、私の住まいは西荻窪、毎朝四時に起きて一駅分走り、新聞をかかえて西荻窪の配達地域に戻る。よく野犬に追いかけられた。

働く少年

私は働く少年になった。

何よりもいやだったのは早朝、新聞配達に出掛けると野犬が多いことだった。食べ物が足りない時代なので飼い犬の餌にまで手がまわらず、たいがい放し飼い。私が一駅間、早朝走ると五、六頭の犬が吠えながらついてきた。これはこわかった。

一計を案じて、その頃は地上を走っていた中央線のふみ切りから線路の枕木をたどった。長い線路の銀色の光が、犬には苦手なのかピタリと追ってこなかった。

荻窪寄りの道に一本松という処がある。戦後の追いつめられた自殺者がよく出た。私が線路伝いに販売所に向かっていると一本松のあたりで、事件後のむくろ（遺体）にムシロがかぶせられて盛り上がり、消防団の人たちが明け方にたき火をし、たむろしていた。

新聞配達といっても、その頃は専売制ではなく、総合販売所で、ひとつの販売所が朝日、毎日、読売、日経など各紙を扱っていて、他にスポーツ紙、写真新聞、子供マンガ新聞などがあった。私の配達区域は西荻窪の住宅地だったから広く大きな屋敷が多い。百六十軒ほど配っていたが、一軒で三紙も五紙もとっている家が多く、かついでいる新聞の量はかなり重くて大変だった。

結局私の新聞配達は、高校卒業まで続いた。アルバイトの月収は千五百円ぐらいから三千円にとどいていただろうか、私は自分の学費は全部自分で払っていた。

かけそばが一杯十七円、映画代が大人八十円の時代だった。

生きてゆくことについては、母を助けていろいろな工夫をした。小麦粉を製麺所でうどん玉にし、マーケットのラーメン屋でスープだけ二十円で鍋に分けてもらい、ネギをたくさん入れて一食にしたら、これが美味い!

母が喜んで妹たちとお代わりをしてほめてくれた。

「お兄ちゃんは、頭がいいね!」と。

上條先生

桃井第三小学校（東京都杉並区）の四年生から六年生までのクラスの担任は、上條生夫《かみじょういくお》先生という三十代前半の陸軍の士官だったという人。騒いだり、いたずらをする児童は廊下に立たされてひっぱたかれたし、両足を手でつかんで逆さづりに窓の外にぶら下げられ、

「もうやらないか！　あやまりなさい！」
と叱られ怖かった。何か陸軍士官学校の教練を引きずっていたようで、カーキ色の軍服を着た活発な先生をみている限り、日本が戦争に負け民主主義になったような気がしなかった。

私は新聞配達で早起きしているから授業中はねむい。背が低いので、冬は前列の席だからストーブに石炭をくべる役。ポカポカと暖かいのでいねむりをしてしまう。級友が「鈴木君が寝てます……」と、先生に告げ口すると「鈴木君は家を助けるために働いているんだ。教科書に書いてあることより、何倍も役に立つことをやってるんだ。寝かしときなさい！」とおっしゃってたと、あとで友達から聞いて、怖い上條先生がとても身近になった。

秋の遠足で、私たち六年五組のクラスは相模湖へ行った。

先生に引率されて駅から湖まで歩く。歩きながら私は素早く酒屋を見つけて頭に入れる。湖につくと自由解散になり弁当の時間になる。みんなの弁当のおかずは卵焼き、鮭の焼いたもの、鶏のから揚げなどで、友達同士が交換している。

私のは梅干しにタクアン。おかず交換するしろものではないから、一人離れ丘の上で食べながら級友を見守る。移動されてしまったら大変だからだ。

早メシを食べ終わると私の活躍が始まる。観光地のあちこちにころがっている空壜《あきびん》を拾うと、水道水でよく洗って、先ほどの駅前の酒屋さんに持ってゆく。資源がない時代なのでラムネ壜が四円、ビール壜が十三円、一升壜は八円で酒屋さんが買い取ってくれた。何度か往復しているうち三百円くらいたまって、帰ってから母に渡すとびっくりしていた。

相模湖へ遠足した小学六年生の頃

映画見放題

西荻窪北口銀座通り、うちの店の斜め向かいに映画の西荻館があった。時代劇、喜劇、青春ドラマなど、何を上映してもいつも混んでいた。

当時は電力不足なのでよく停電する。予告なしで街中の灯が消えまっくら闇になるから夜はお手上げだ。うちは雑貨屋だからろうそくも売っている。闇夜にはよく売れて停電ともなればホクホクだ。

停電を利用して、私は西荻館にタダで入った。夏でも冷房もない時代だったから、観客はいっぺん外へ出て涼をとる。店番をしていた私は、妹に店をたのみ、商売ものの、ウチワを一本持って映画館前の人混みにまじる。やがて電気がつながり明るくなる。

「さあ、映画が始まるよ、お入りください！」

もぎりのオバさんにせかされて私も堂々の入場である。たくさんの扇子やウチワにまぎれこんで……。

私にとって、まったく便利な処に映画館があった。働いてばかりいて愛にうえた少年時代に、どれだけ映画の楽しさから、心の情緒がみたされたかわからない。

いつも停電とウチワ、というわけにはいかないから、夏休みには、店の向かい側にある〝坂本屋〟という親せきすじの和菓子屋から、アイスキャンデーをおろしてもらい、映画館にかけあって売り子もやった。するとアイスキャンデーは売れたし映画は見放題といいこ

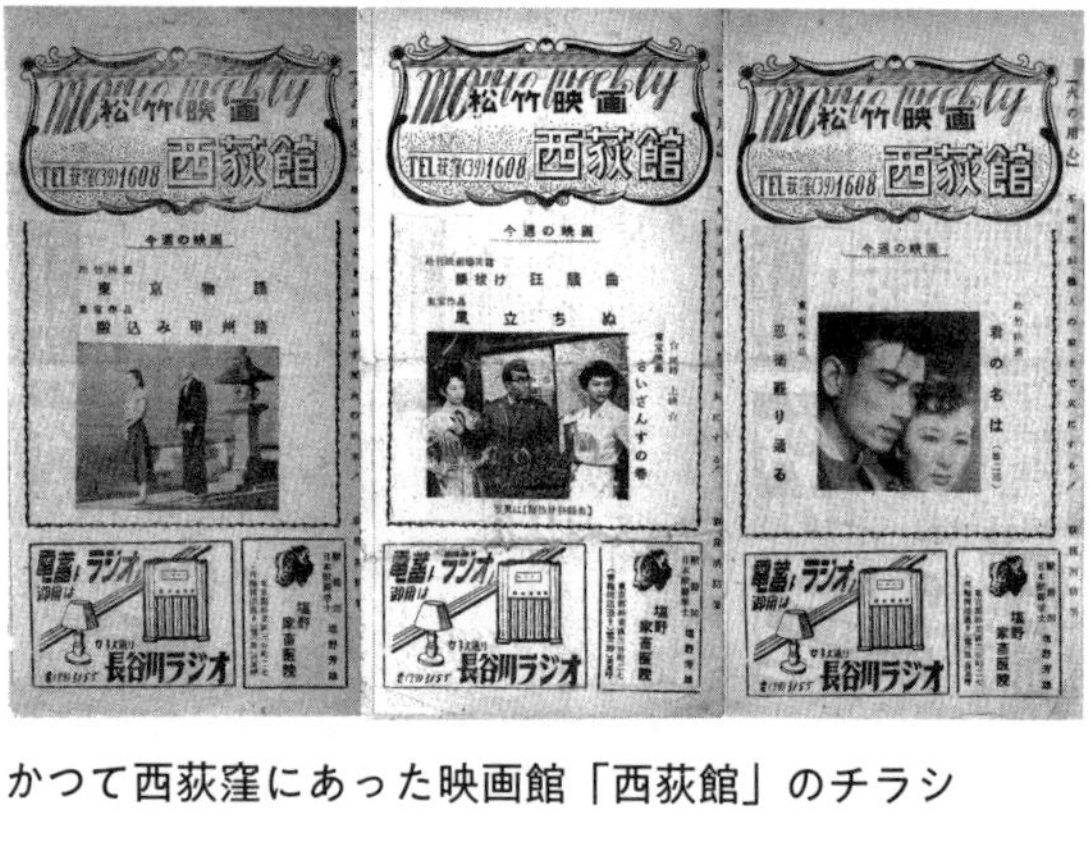

かつて西荻窪にあった映画館「西荻館」のチラシ

とばかり。

私は映画のエンディングが出るとアイスボックスをかかえて支度をする。毎日同じ映画のラストシーンばかり見ているので、セリフも声色もすっかり頭に入ってしまい、学校の休み時間に得意になってモノマネをやっていたから、クラスの人気ものになった。東宝系のタイトルにエノケン（榎本健一）の冠が付く『どんぐり頓兵衛』『ちゃっきり金太』『法界坊』『森の石松』などとても面白くてウケたなあ。

エノケン映画は、彼の素早い身のこなしとミュージカル仕立てで分かりやすい、そして中身が濃いから大好きだった。『森の石松』でも、セントルイスブルースをバックに石松が歌っていた。

柳家小さん師匠

杉並区立荻窪中学校へ進学した。西荻窪駅から歩いて十五分くらい、善福寺川に沿った小高い丘にある。坂道をのぼって校門をくぐると景観の良い木造二階建て校舎。国旗掲揚台の台石に「温故知新」と彫ってあった。

私の学校の成績は授業の好き嫌いがはげしくていつも中ぐらい。中学校へ進学しても英語の先生はよく休むから嫌いだったし、理科は理詰めの教師、数学は興味がなく、得意が図工、音楽、国語。とにかく早おきの朝刊配達で授業中がねむかった。

働いているので割合小遣いが使えた。私は下町生まれなので、よく一人でなつかしい浅草方面へ遊びに行った。西荻窪から吉祥寺へ出て、井の頭線乗り換えで渋谷、そこから地下鉄銀座線の浅草と乗り物を満喫して、私の求めた演芸は浅草六区の実演。浅草花月劇場のあきれたぼういずショー、女剣劇大江美智子一座、清水金一のシミキンショー、国際劇場ＳＫＤ春の踊り、などに通ってたくさん観た。

昭和二十五年秋、中学一年の時一人で新宿へ遊びに、何の気なしに新宿末廣亭に入った。

昼席だったか、たまたま柳家小三治改め五代目柳家小さん襲名披露興行中で、プログラムがすすみ〝口上〟となって、緋毛氈《ひもうせん》の上に幹部がズラリと並んだ。まん中に新小さん師匠が両手をついて丸い顔を紅潮させ、かたわらで上品なおじいさんの桂文楽師匠が祝辞をのべていた。

のちに私と五代目柳家小さん師匠とは、落語家入門以後に大きく関わってくるのだが、中学一年生の私には知る由もない。トリ（主任）をとった小さん師匠の演題は「酢豆腐」。キザな若旦那が、すすめられた腐った豆腐を、「酢豆腐」という珍味ですと言いはり、ムリムリ食べては目を白黒させる。小さん師匠の丸い顔の、だんだん顔色が変わってゆく演技が抱腹もので、次の日学校でそれをモノ真似したら、級友たちが笑った笑った。

同じ年に、後に私の師匠となる林家正蔵が、蝶花楼馬楽《ちょうかろうばらく》から八代目林家正蔵となり披露されるが、その高座は観ていない。

寿限無

高等学校進学に、中学校の担任大窪教海先生がすすめてくださったのは、東京都立中野工業高校食品化学工業課程という長ったらしいところ。

理由は食品化学工業課というのはできたばかりの学課でまだ知られておらず、都立なのに入試の競争率が一・五倍。必修科目に英語はなく、食品学の下地をつけるので乳業会社などにウケがいいから就職の心配がない。成績中ぐらいで、英語嫌い、食品専門の学問をするのだから不況や戦争にも強いだろうと若者の判断で受験して合格。

浅はかな私は食品化学の勉強だから、食べたり、飲んだり、カロリー計算したり、実習をやったりしてれば良いものだと軽くなめていた。ところが、食品化学工業課程なのでまず化学！　ありきだったのだ。

授業の教科書、時限わりの内容をみてびっくりであった。応用微生物学、食品栄養学、食品製造学、食品応用化学、食品衛生学。以上に加えて数学、社会、古文、体育などの通常教科目もある。

教科書のページをめくれば化学記号、化学方程式、ドイツ語の菌名。例えば乳酸菌の説明で、バチルス・ズブチリス、エーレンベリッヒ、ラクトバチルス・ブルガリスと続けざまに言われ、まるで落語の寿限無《じゅげむ》みたいな授業。

乳酸菌ラクトバチルス・ブルガリスに加え微生物学者などの名前を挙げている。担任になった厚沢信義先生がスラスラおっしゃるから驚

白衣を着た都立中野工業高校時代
（前列右から二人目が筆者）

がくした。

中野工業高校は男子校なのだが、私たち食品化学工業課程に限ってだけ女子を八名入学させており、食品化学工業課程のクラスだけ男女共学だ。

昼休みにもなると、全校の機械工作課、化学工業課のニキビづらの上級生から下級生までが、一年F組（私たちのクラス四十名）の教室の前に集まる。可愛い女子生徒の目をひこうと、奇声をあげたり足をふみならし、なんとも男子どもが粗雑でさわがしい。

これは大変なところへ入学してしまったと好きな漫画模写と映画を観るのにあけくれていた私は困った。

映画演劇部長

中野工業高校食品化学工業課の生徒である私は、応用微生物学の授業では白衣を着て研究室に入る。けんび鏡をのぞいて、乳酸菌を扁平《へんぺい》培養したものを保温器から耳かき一杯分とり出して観察し、増殖のようすを手描きで図にする。とても時間のかかる根をつめる教科なので私のせっかちな性格には合わないし、まいった。

その反動というか、私が発案し級友と計って映画演劇研究部を創り部員を募集、全校から七名の部員が集まり私が部長となった。校友会から二万円予算をぶん取り、秋の文化祭では木下順二作「彦市ばなし」を試演。中野の映画館から映画スチール、ポスターなどをもらってきて校内展覧会を開いて喜ばれた。

そして近隣の明大付属中野高校文化部や、女子美付属高校、東京立正高校の各演劇部と演劇観賞団体の高校文化サークル〝あかね〟を結成、新聞にもとり上げられた。初回はこれもできたばかりの中野公会堂で上演された俳優座のマルシャーク作「森は生きている」を団体割引で観賞したり、四校合同文化祭を行った。

一回目が航空自衛隊ブラスバンド演奏と日活映画『女中ッ子』の上映、二回目は立川基地のアメリカ進駐軍陸軍軍楽隊による演奏とパレード。自衛隊やアメリカ軍軍楽隊は奉仕で、ギャラナシの弁当だけですむうちは良かったが、だんだん各校の予算もなくなってきた。文化サークル〝あかね〟が〝オカネ！〟という次第でサークルも霧散。男子高生が大喜びしていた女子高生とも会えなくなった。

高校の映画演劇研究部の仲間らと
（前列中央が筆者）

私の新聞配達のアルバイトは続けており、小学四年生の時から始めて高校生になっていたからかなり長い。

「この道」の文章を書きながら、若き日によくやってたなァと自分に感心する。小、中、高の学費は自分で払っていたし、他にも夏休み、冬休みになればいろいろなアルバイトをして母の家計を助けた。一面貼ると三百円になったフスマ貼り、電柱などにビラ貼り、映画のエキストラ、進駐軍カマボコ兵舎の清掃、外出する家の留守番などである。そして高二の秋に私はある決心をした。

俳優座受験

高校の映画演劇部を起こし「テアトロ」「悲劇喜劇」といった演劇専門誌をこわきに抱え深刻ぶっていた私は、映画俳優になろう！　と決心した。映画に出たい、絶対出演してやる！　と思っていた。

定期試験の勉強をしていなかったのをいいことに試験を休んで、私は高校二年生の秋、六本木にあった新劇の俳優座劇場へ、研究生募集の試験に応募して学生服、丸刈り頭のまま出掛けていった。

午後の俳優座のまわりは明日のスターを夢見る若い男女が、瞳をキラキラさせて長い行列をつくっていた。

試験は面接、作文、筆記試験、パントマイム。審査員には東山千栄子、小沢栄太郎、千田是也ほか演出家の先生方がズラリと机に並んでいる。

「キミはいくつ？」「十七歳、高校二年です」「きょうは学校はいいの？」「創立記念日なんです」と面接を切り抜けた。生年月日、趣味、芝居志望理由などを聞かれた。

筆記試験は、シェークスピア四大悲劇の名を記せ、ホリゾントとは何か、NHKラジオ放送の周波数はいくつ？　……と一般常識テスト。ちなみにホリゾントとは舞台奥の幕や壁を指し、照明を当て大空などを表現します。そしてタイツ姿でパントマイムというプログラムだった。

パントマイムの課題は、青年が女の子を誘って芝居を観に行くが切符を忘れたのに気づいて、あわてて家に戻り部屋中をさがしまわるというスジ。タイツなど身につけたことがないので私の動きはぎこちなくて、審査員が笑いだす。

東山千栄子さんに「高校を卒業してからいらっしゃいね」と、やさしく声をかけられたのが救いだった。

六本木への往復は、そのころ走っていた都電に乗り渋谷駅経由。

私がよほどボーッと歩いていたのか、帰りに渋谷駅前交番の警官につかまって補導された。高校の定期試験をサボって、俳優座の受験をしたのがバレて学校に通報ということになり、校長室に立たされた。でもその時の私は愉快だった。

森永乳業に就職

昭和三十一年四月、私は就職試験に受かって森永乳業株式会社に入社が決まり、新宿工場製造課に配属になった。

一流会社に入れたと義父と母は大喜び。私が一番うれしかったのは、ずーっと続けていた新聞配達や他のアルバイトから解放されたことだった。定収入を得て家にキチンとお金を入れられること、母校中野工業高校の食品化学工業課の学校推薦がいただけたこと、担任の厚沢先生の御恩は忘れられない。

森永乳業の方針として新入社員は、昭和三十年の高校の夏休み期間から見習として工場入りを許された。翌年の卒業までの間工場に通勤していれば学校の出席簿には丸がつき、しかも働いている間は森永乳業から臨時手当がついていたので大助かりだった。

牛乳をつくるといっても製造過程は簡単なものではない。勉強のために十日間ずつ製造の各課をまわされた。

森永乳業に就職した頃

会社のマークのついた白い帽子をかぶり、白いつなぎの作業服、ヒザまで長い白いゴム長靴をはいて工場内のさまざまな仕事を教わってゆくことに。そうやって社内中の人と出会って、新人は名前と顔を覚えてもらい、よその課の人ともあいさつができるようになって一人前となる。

国電高田馬場駅近くにあった大きな牛乳工場では、受乳場、瞬間冷却室、原乳タンク、ホモジナイズ（牛乳の脂肪球を均質にする）室、洗壜《せんびん》課、壜詰課、冷蔵室、出荷とまわされて、仕事を覚え、冷蔵室では重ねられた牛乳箱がそびえていて牛乳保存のため室内は厳冬のような温度、ここでは夏でも革ジャンパーの支給があった。

新宿工場はかなりの数の牛乳を都内の各地に壜に詰めては送り出しており、朝九時から午後三時の終業までに、いっせいに機械がまわって、働く人は追いかけまわされ、まるで戦場。掃除と毎日入浴があり一日が終わる。

工場長は清水さんという長身の福助顔の太った中年の方。実に親切にご指導いただいた。漫画家清水崑《こん》先生、私の女房の実家が清水家。ずっと私は「清水」のお世話になる。

漫画家へ

八月になって森永乳業から臨時給与が出たので、うれしくて、小、中学校時代からの友人永瀬孝爾をさそって、高田馬場商店街の洋食屋でエビフライとハンバーグをとりご馳走した。

彼は同級生の中で抜群に絵がうまく、鼻の高い瞳の大きな、白人ぽい容ぼうの目立つ奴だった。私が得意になって森永乳業の牛乳づくりの面白さ、大変さを自慢していると、彼が私に言った。

「豊田くん（私の本名）、牛乳の仕事もいいけど、僕には君にむいてるように思えないなァ。ほら、以前から漫画の模写をクラスのみんなに描いてやってさ、うまかったじゃないか。ミッキーマウス、ベティさん、ポパイ、のらくろ、タンクタンクロー、長靴の三銃士、覚えているよ。僕は今、東峰書房という会社のアルバイトで、著者の先生方の処へ原稿をとりに行ってんだけど、作家はスゴイぜ……」と語りかけてきた。

そしてサザエさんの作者・長谷川町子さんの画稿料の話になり、四コマ漫画一回分の画稿料が三万円と聞いて驚いた。

私が一ヵ月働いて手にした給与が税引きで五千五百円、長谷川町子は一本描いて私の収入の約六ヵ月分を得る、スゴイ！　と私はうなった。

「おい、豊田、そんなにうらやましいなら、おまえ男の長谷川町子になれよ」

「いいねえ……」。盛り上がって若かった私はすっかりその気になる。

「漫画家の清水崑《こん》さんのところでね、書生さんが独立したので、後がまをさがしているから、おまえやってみたらどうだ？　マンガを描かない若い人がほしいって言ってたけど、入っちゃえばどうにかなるさ」。永瀬孝爾がますます勧める。

しばらく私の思いはくすぶっていたが、昭和三十一年夏、せっかく会社の見習から本採用になった身分だったのに辞表を出して、森永乳業をやめてしまった。清水工場長が引きとめてくださったり、中野工業高校にも顔むけできないのも承知のうえ、若さの直情で、私は東峰書房に紹介された清水崑の門を叩いた。

漫画家を目指した頃

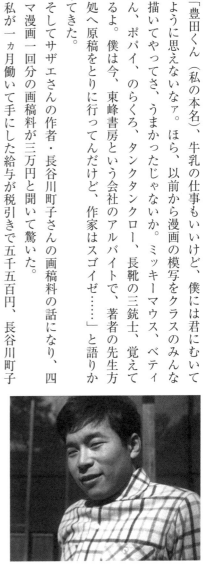

清水崑の書生

漫画家清水崑先生と私の対面は昭和三十一年八月、住まいは鎌倉市雪ノ下、鶴岡八幡宮の二の鳥居のそば、段葛《だんかずら》の参道に面した大きな屋敷だった。

母が付き添ってくれ、清水家の応接間で文士風の先生と美しい奥様にお会いした。

「君には漫画の弟子ではなく、書生ということで働いてもらうんだが、それでいいんだね」

念を押されたので私も、

「高校時代から剣道をやってました。鎌倉には剣道の偉い先生が住んでいるので通いたいと思います」

「ほお、撃剣《げきけん》（剣術）をやるのかい、それは心丈夫だ！」

何だかとても喜ばれて、入門を許されその場で奉書に毛筆で墨くろぐろと私との「約束」を書いてくださった。

清水崑と豊田洋の約束

一、働く時間は午前八時半から午後八時とする。

一、食事三食を支給、下宿を住まいとしてそこから通う事、家賃はこちらもち。

一、休みは月四回、一日休みと午後三時からの休み三日、その都度言い渡す。

一、月給は月ぎめ三千五百円。

以上

昭和三十一年八月　清水　崑

豊田洋は私の本名で、こんなふうな内容の書状を渡された。

崑先生は幼い頃、自分は母と別れ別れになったのだとその時私に母がいるのを大層うらやましがられた。

当時の崑漫画は一世を風靡していて、色っぽい女かっぱの週刊誌漫画「かっぱ天国」が大評判。他に子どもむきの「かっぱ川太郎」がＮＨＫ連続テレビ漫画として放映されていたし、「かっぱ天国」は宝塚でレビュー化（ショー化）、清酒や薬のコマーシャルにも女かっぱが活躍していた。

鎌倉　清水崑家

鎌倉駅近くの、横須賀線の線路が見える三畳間の私の下宿から、歩いて五分の八幡宮参道にある清水崑邸に朝から通ううちに、そこの書生という身分の働き方が見えてきた。

まず家族の布団をあげ、掃除、電話の取りつぎ、買い物。さらに毎日、自転車で猫の砂箱を由比ヶ浜まで運び砂を取り換えて糞《ふん》を始末する。出来上がった画稿を東京の新聞社や出版社に届ける。お手伝いさんの若い娘が一人いたが、私の方も毎日やる事だらけ。掃除ひとつとっても家が広いから、雑

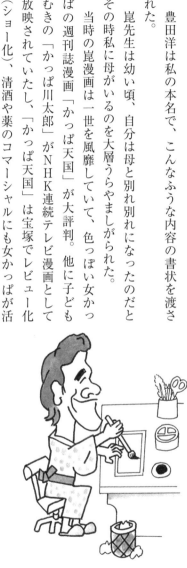

巾がけに朝から午後までかかった。

離れの二階、八畳ぐらいの洋室が崑先生のアトリエだった。崑漫画の特長は絵を毛筆で描くこと、見事な南画風の軟らかな筆遣いは他の追従を許さない。普通漫画の用紙はケント紙だが、手すきのドーサびきしてある奉書を使う。

毛筆の筆は太いものと細筆各一本ずつ。ちょっとした工夫がしてあり筆のとんがった穂先をろうそくの火でちょっと焼き、筆の毛が墨にぬれて広がらないようにセロハンテープをまいてとめてある。同じ太さの線が引けるわけだ。

「かっぱ天国」などは八コマ漫画で普通は一枚の紙に八コマ描くが崑先生は違った。一枚にひとコマ描き、それを大きな紙に貼って並べ仕上げていた。

清水家に出入りするうちに、鎌倉中が「先生」だらけなのだと判ってきて、文士や画家との広い交際がある崑先生の世界にうなった。

里見弴、永井龍男、川端康成、中山義秀、小島政二郎、小林秀雄、今日出海、大佛次郎、横山隆一、那須良輔、有島生馬、中村琢二、福井良之助、まだまだたくさんの方とのお付き合いがあった。

大佛次郎先生とくれば「鞍馬天狗」の作者である。ある日崑家の門前を竹ぼうきで掃いていると、長身の和服姿のステッキをついた人が近づいてきた。

「あなたは崑さんのお弟子さんですか?」

「ハイ、そうです」

漫画家・清水崑さん（右から二人目）の自宅で（左端が筆者）

川端康成

「清水さん居《お》られるかな?」

「ゆうべ遅くまで仕事してらしたので、まだ寝ております……」

「そう、じゃあオサラギが寄ったと伝えておいてくれたまえ」

ステッキをふりふり紳士は段葛《だんかずら》の参道の方へ去ってゆく。

清水家の隣、本屋の松林堂の若い店員が、「豊田くん、あの人作家の大佛次郎先生だよ! 何話してたの……」。

エッ! 鞍馬天狗の映画の原作者、あの方が大佛次郎先生だったのか! 私はバカだなあ、鞍馬天狗のことといろいろと伺いたかったのに、チャンスを逃してしまって……と後悔した。


夏のある日、日本の知性、評論家の小林秀雄先生の邸宅へ。大きな西瓜《すいか》を届けるように託され、自転車にくくりつけ小道を、のぼり、やれやれと玄関先でお渡しする時に手がすべり、西瓜はまっ二つに割れてしまった。あわてた私は、割れ目を閉じて、しずくのたれている果物を、おどろいている家人に渡すと、大急ぎで坂道なのに必死にペダルをふんだ。この後どうなったんだろう?


日本文学の至宝、川端康成先生のお住まいは鎌倉大仏のすぐそばだった。

銀座の文芸春秋画廊で、川端先生の書、崑先生の画による「書と画の二人展」が催されるというので、私は川端先生の処へ書をいただきに伺った秋の日の午後のこと。

玄関で声をかけてから戸を開けると、川端康成先生が立っていらした。

「ごめん下さい。清水崑のところからまいりました」

「やあ、崑くんから連絡がありました。これをどうぞ、私の本は君にね……」

〝書〟の入った長い円筒と文庫本の著書を渡された。本はサイン入り。そうとは知らず、お礼を申し上げ紙袋にそれを納め退出しようとすると、

「あっ、ちょっと待って……」

川端先生がまた文庫本を持ってらして渡される。それが三回くり返された。普通は本を開いて大喜びしそうなものだが私は淡々としている。先生は私がサインに気づき喜ぶ姿を見たかったのだった。

ちょっと

漫画家志望ではありませんと、清水崑先生と誓った私も、歳月がたつうち画用紙に向かうようになり、ヒマな折はあてがわれた三畳間で漫画を描いていた。

先生の本棚には海外の貴重な漫画本がたくさんある。ソッとお借りしては夢中で模写した。ピカソみたいなスタインベルグの画風。どんなシーンも裸に見えるサム・コビン画の「裸の眼」、英国の政治漫画家ローの作品などわくわくだ！

私は漫画を描きながら声色をやって遊ぶクセがあった。作画して仕上げる時に森繁久彌で「キミィ、よく出来てるねえ！」とか、渥美清のマネして「それを言っちゃあオシマイよ！」。面白がっているといつの間にか後ろに清水崑先生が立っていた。

「豊田、おまえさんは変わっているなあ。漫画は面白くなくちゃ売れないんだが、自分まで面白く

なっちゃう奴はいないよ。声色は一人芸だがいろんな人物を一人で演じるのは、落語だな、おまえさん芸人にむいてるかもしれない。これからテレビの時代になるぞ！　漫画が描けて落語がしゃべれたら売れるなあ。おい！　落語の方をちょっとやってみないか？」

たしかに先生は「ちょっと！」とおっしゃった。私の方は軽いから、ちょっとならと思い「いいですねえ」と答えた。

結局、清水家には鎌倉に三年、引っ越し先の港区高輪で一年の、四年間お世話になった。私の漫画は実業之日本社から出ていた漫画サンデー誌に「とりもの太平記」として一度載っただけで、清水崑先生の紹介をうけ、手紙を携え三代目桂三木助のところに入門することになった。

先生の手紙には、落語家志望の青年と書いてあったらしいが、私は落語家になるつもりはなく、「ちょっとだけやってみよう」の体験気分。昭和三十五年八月十五日午後、北区田端の師匠の家をたずねると、平屋の奥の部屋に通され、桂三木助が目の前に現れた。やせぎすで目のするどい、鼻の大きな人が座って言う。

清水崑さんと

桂三木助門下

夏のことなので三木助師匠はさっぱりとした柄の浴衣姿、私は白いワイシャツ姿、二人とも正座してテーブルをはさんで向かいあう。

「初めてお目にかかります。清水崑の弟子で豊田洋（私の本名）と申します。先生からの手紙をことづかっております」。やっと言葉が出て、私はカバンから封筒を出して師匠に渡す。

開封してじっと読んでいたが、

「そんなに落語が好きなんですか？」と問われた。

別に私は落語に夢中になってるわけではないのだが、多分崑先生が手紙に書いた文なのだろうと察しそれに合わせた。

「はい、大好きです……」

「ほお、で、最近ではあたしの落語はどんなのを聞いてます？」

さあ困った。私の知っている落語家は柳家金語楼、三遊亭歌笑、先代三遊亭金馬の三人だけ。目の前の桂三木助師匠はＮＨＫラジオの「とんち教室」で知っているくらいなのだ。

答えなきゃまずい。瞬間浮かんだのが、ラジオを聞きながら絵を描いていた時たしか三遊亭金馬がダミ声で「まんじゅうこわい」をやってたな……と気がつき。

「あのう、『まんじゅうこわい』です」

「はあ、こないだの第一生命ホールのとき聞いてらした。あれは『若手落語会』でしてね。若い人が勉強してるんで、あたしは『まんじゅうこわい』で軽く助けましたが、そうでしたか。あん時来てらした」

桂三木助師匠は相好をくずし、素敵な笑顔で私をみつめた。

良かった！　うまくいった！

「よろしいです。明日からいらっしゃい」

入門が許され私の芸名は桂木久男。兄弟子が五人、木久丸、木久治、木久八、木久弥、木久造がいた。

おかみさんは小林仲子さんという名の体格のいい愛くるしい方で師匠とは二十歳以上年齢が離れていた。三木助師匠が花柳太兵衛《たへい》と名のり踊りを教えていた時、お弟子さんだったそうで大恋愛の末と聞いた。

師匠の死

中央線西荻窪の実家から、朝八時までに田端の桂三木助宅へ通うようになる。内弟子の木久治に木久八、通いの木久弥、木久造に私の五人で掃除、朝ごはんの支度をする。みな若いので洒落を言いあっての働き修業は愉快だった。

師匠の朝ごはんはグルメなので手がかかる。みそ汁にしろ岡崎の黒い八丁みそをスリ鉢ですり、かつお節をけずり、昆布とともにだしをとり、具は三越の木綿豆腐という具合。

晩婚だった師匠は三人の子宝に恵まれた。五歳と一歳の姉妹、三歳の長男が、若くて明るいお内儀《かみ》さんの愛に包まれて家の中を駆けずりまわっている。

入門してすぐに各地で演芸を披露する「江戸趣味風流寄席」旅興行のお供をすることになった。出演者は、落語が桂三木助、柳家小さん、独楽《こま》曲芸・三増紋也《みますもんや》、講談・一龍斎貞花《いちりゅうさいていか》。落語の合間に都々逸などを披露する俗曲は桧山さくら。和傘で毬《まり》を回す芸などで知られる太神楽《だいかぐら》の海老《えび》一染之助《いちそめのすけ》、染太《そめた》郎《ろう》。他におはやし連の笛、太鼓、私は前座見習として荷物持ち。兄弟子の木久八（故入船亭扇橋《いりふねていせんきょう》）とともに、山陰地方から新潟の佐渡島を十日間まわって帰京した。

中学の時、新宿末廣亭で観た五代目柳家小さん師匠とずーっと一緒だった。

主任（トリ）の三木助師匠は「蛇含草《じゃがんそう》」、柳家小さん師匠は「時そば」と演目が決まっていて、いつも高座のソデにいた私は、二つともシグサと噺を覚えてしまった。しめしめである。両師匠は義兄弟ということでとても仲が良かった。二人とも姓が小林で、三木助師匠は「モリちゃん、モリちゃん」と本名が小林盛夫の小さん師匠を呼んでいた。

そのうち桂三木助師匠の容体が悪くなり、寄席を休み、自宅で寝たっきりとなった。私が入門したころ、がんの手術後、退院して活動していたが再発したのだ。三木助師匠は「死にたくない」と病床で何度もおっしゃっていたが、昭和三十六年一月に他界してしまう。明るいお内儀さんと幼い子ども三人、弟子たちを残していなくなってしまった。

林家正蔵門下

桂三木助師匠が亡くなって十日すぎたころ、落語協会前会長の桂文楽師匠と柳家小さん師匠がやってきた。

三木助師匠の弟子たちの今後を決めるためだ。落語家を続けてゆく以上は誰か他の一門の身内にならなければならない。家の奥の八畳間に師匠方とお内儀《かみ》さんが横並びに座り、弟子の木久治、木久八、木久弥、木久男が向かいあっている。すでに木久丸は大阪の実家に帰り、木久造は落語芸術協会へ移っていた。

「おまえさんたち、誰のところへ行きたい？　師匠の名前を言いなさい……」

文楽師匠が口火をきった。

木久治が「小さん師匠のところへお願いします……」。そして木久八、木久弥も柳家小さんの名をあげた。

目の前には大師匠の桂文楽師匠が座っている。しかし兄弟子が三人とも再入門志望が小さん一門なのだ。最後の一人私の番になった。柳家小さんの名ばかりあがるので気まずい空気だ。

「木久男さん、ちゃんと考えるんだよ！」

お内儀さんが心配している。

私の頭の中は緊張と混乱がぐるぐる廻る。桂文楽師匠のところへ入門したいと言えば、この場は収まるのだが、私は楽屋入りをしていなかったので桂文楽の系列を知らない。持病に伏せっ

ていた三木助師匠の見舞客の中で、小さなポチ袋に三万円を包んでくださった八代目林家正蔵の姿が頭に浮かんだ。あの時お内儀さんが言ったっけ。

「三木助の名は有名なんだけど、病気で寝てしまえば無収入なんだよ。花や缶詰なんかよりこのお見舞金の方がどれだけ助かるか……」

私は勇気をふるって言葉にした。

「林家正蔵師匠のところへお願いします」。さっと一座の空気がしまり、沈黙が続く……。

お内儀さんに連れられ、浅草稲荷町に長屋住まいの林家正蔵師匠の門をくぐり、林家木久蔵の名をいただいた。三木助の木を残し、正蔵の蔵をやるから、永く続くように久しいをつけて木久蔵だよ……と、正蔵師匠命名の良い芸名である。

前座

八代目林家正蔵から晩年林家彦六を名乗った師匠の、形見分けにいただいた古い日記帳に、入門時の私のことが書いてある。

三月十日（金）　旧一月二十四日
天候　晴、気温　寒
○故三木助君の妻女が木久男という弟子をつれてきて、私の門下にするあいさつにきてくれた。
○老妻が木久蔵の方が、当人も気がねなくてよいだろうというので、林家木久蔵を名のらせることにした。
○赤城下の山田さんへ出むく広小路で、電車を待つ間の寒さには、本当にふるえあがった。

この日記によれば、私に林家木久蔵という芸名をさずけてくださったのは、正蔵師匠のおかみさんだったということになる。

ちょうど三月十一日から正蔵師匠が新宿末廣亭の夜席の主任（トリ）を務めているので、私は師匠と一緒に楽屋に初めて顔を出し、皆さんにあいさつした。

「あっち、あ、あっちで着がえるの！」。万年前座をやっている、ゴマシオ頭のやせたおじいさんが紺の着物に前かけ姿で楽屋の舞台裏を指さす。正吉さんという名で吃音《きつおん》の人だった。

木綿の着物に角帯姿、白足袋をはいて私の楽屋働きが始まった。楽屋での動き方を仕込んでと、正蔵師匠から頼まれたのが先輩の林家こん平さんだった。

「木久蔵さんね、いつも楽屋の柱時計の下に正座してると師匠方に名前を覚えられるよ。高座の上がり時間を計るんでね、師匠方は必ず自分の時計と柱時計を見くらべるんだ。するとその下に君の顔がある。よく覚えておきな！」

教わった通り、まずは柱時計の下に居ようと、先輩の前座が、太鼓をたたいたり、師匠方の着替えを手伝い、お茶出しをしている中で、毎日柱時計の下に座っていた。

私のことが楽屋でうわさになり、評判が悪くなってきた。木久蔵って奴はちっとも働かない。

前座の頃

月影のナポリ

林家正蔵師匠の長屋は、階下が玄関、三畳と六畳、台所にトイレ。二階は四畳半と六畳で芝居噺の道具がしまってあるから狭くなっている。

噺の稽古は二階でする。毎朝二、三人のよその弟子たちが、噺を教わりに通って来ていた。古今亭《ここんてい》朝太《ちょうた》（のちの志ん朝）、夢月亭歌麿《むげつていうたまろ》（先代柳家つばめ）、三升家勝弥《みますやかつや》（先代三升家小勝）らの先輩を覚えている。

正蔵師匠の稽古は人によって教え方が変わる。覚えのいい古今亭朝太の「品川心中」の場合は、噺のアタマからサゲまで師匠が三回聞かせる「三べん稽古」、覚えるのが遅い三升家勝弥には「がまの油」の噺を三つに分けて、一区切りずつを細かく指導する。

「あんた、稽古が始まるよ！」

よく正蔵師匠のおかみさんが、私に声をかけてくださって、二階から聞こえてくる稽古の声を、階段に腰かけて、耳そばだてて聞いていたが、噺が二つも、三つも重なるので、スジだけ覚えるのがやっとだった。

私の初高座は新宿末廣亭の夜席に通い始めたころだった。「キ、君、高座に上がっておくれ、短くね！」と声をかけられた。他の前座仲間も面白がって私をみている。どんなことを新人前座が

前座時代に同期の仲間と。後列中央が筆者。前列右から二人目は、のちの人間国宝・柳家小三治さん

しゃべるのか、興味しんしんなのだ。

「寿限無」しか教わっていない。やれば十五分はかかる。短く、五分ぐらいの小噺も教わっていない、困った困った。高座に上がり座布団に座るとお客に頭を下げる……。

「えー、林家木久蔵と申します！　大好きな『月影のナポリ』を歌います」

♪　ティンタレラ　ディ　ルナ
ティンタレラ　ディ　ルナ

……

客席が凍った。

師匠の悲鳴

今度楽屋入りした前座の木久蔵は、高座へ上がると歌を歌う。あきれ返った野郎だ！　寄席の高座は噺をやる処だ！

バカ！　まぬけ！

新宿末廣亭の楽屋入りしてスグから私の評判が悪いこと、そのかわりといってはおかしいが、私の芸名は下はお囃子《はやし》さんたちから上の師匠まで伝わり、三遊亭全生（先代の三遊亭圓楽）師匠は、私の顔を見るとうれしそうにニコニコして「木久ちゃん、今度はいつ高座で歌うんだい？　ガハハハハ」

と大喜びだった。

早合点して正蔵師匠の処に入門した私は、師匠がどういう高座をつとめている人なのか知らなかった。すっかり古典落語の名人だと思い込み尊敬していた。だんだん判ってきたのは、古典落語の他に笑いの少ない人情噺、芝居仕立ての道具を使う芝居噺、幽霊が出てくる立体噺をやる師匠だった。

寄席の夏の風物詩「怪談芝居噺」とは、開祖が三遊亭圓朝と言われ「怪談牡丹灯籠」「真景累ケ淵《しんけいかさねがふち》」「怪談乳房榎《ちぶさえのき》」などがあり、因果応報、転生輪廻、人間のドロドロした裏の世界を作品にしている。

七月に入ると新宿末廣亭夜席、主任（トリ）林家正蔵で怪談芝居噺が始まった。出し物は「豊志賀《とよしが》の死」。しっとに狂って死んだ三味線の女師匠が男の仕打ちをうらんで幽霊になって出てくるというスジ。

緊張の兄弟子たちは、暗転になった高座のまわりを黒子姿で鐘の音、虫笛、雷の音、煙のドライアイス、大太鼓でドロドロと打ち、手伝う。私の役は焼酎火といって青い人魂《ひとだま》を出す役。黒くぬった釣りざおの先にハリガネを下げ、焼酎が伝わる線の周りにボーッと火を付ける。

「そなたは豊志賀、迷うたなァー」

暗い中で師匠の声、キッカケだと私は火の付いた人魂を中央へ、さおを両手でにぎり前後にゆらりゆらりとふった。

「あ、あ、あつい！　あつい！」

師匠の悲鳴だ。

古今亭志ん朝

「どうしたんだろう?」。黒子の私が高座へ目をやると、私のふった釣りざおの火の玉が、正蔵師匠の髪の毛のうしろをチリチリとこがしてる。

「大変だ、師匠がもえてる!」

兄弟子の小正楽が、楽屋の流しから洗面器いっぱいに水をはり、高座の師匠にむかってザバッーとかけたから、今度は師匠と前の方にいたお客は水びたしになってしまった。

「なめやがって! テメエ達ァ、破門だ!」。楽屋に戻った正蔵師匠はカンカンになって怒鳴る。まだ着ている着物から水がしたたっていた。

昭和三十七年、古今亭志ん生の次男、古今亭朝太が落語家入門からわずか五年、今までにない大抜てきで真打ちに昇進し、三代目古今亭志ん朝となった。威勢のいい声のきれいな二枚目、すごいほど落語のうまい先輩だった。上野鈴本演芸場夜席の主任(トリ)で、林家正蔵仕込みの「品川心中」を演《や》ってらした。

志ん朝師匠は二ッ目のころから売れっ子だったが、真打ち昇進とともに輪をかけて、フジテレビ系のバラエティー「サンデー志ん朝」、東宝系芸術座公演「寿限無の青春」に舞台俳優として主役などを演じていた。

人形町末廣という寄席があるころ、私は前座働きをしていて、経歴により三ランクに分かれる前座の中で一番古い立前座が橘家三蔵さんという先輩だった。

フラリと出番より早めに志ん朝師匠が夜席の楽屋に入って来た。

「兄さん聞いてましたよ！　ＴＢＳラジオ『あくび指南』。良かったなァ、うまいんだもの……。あ、これ今日のワリです」。「そうかい。これ君にやるよ」。ニッコリ笑った志ん朝師匠が、日当の入ったワリ袋を三蔵さんに手で押し返す。

「えっ！　あ、ありがとうございます」。一瞬のヨイショで三蔵さんはもうかって私たちに天丼をおごってくれた。

日本に一台しかないといわれた、イタリアのアルファ・ロメオの名車を志ん朝さんがポンと買った。

「木久ちゃん、このクルマはイタリアじゃあ大看板！」と自慢していた。

立川談志

柳家小ゑんから立川談志になり、上野鈴本演芸場で主任（トリ）をつとめた新真打ちの披露興行で、私は前座として楽屋働きをしていた。ラク日になり夜席がハネてから、高座で飾ったうしろ幕や、お祝いの花、披露目祝いなど、たくさんの荷物を積んで、目黒区の競馬場跡地にあった立川談志宅にタクシーで運んだのは、昭和三十八年四月だった。

この時、五代目柳家小さん門下のもう一人夢月亭歌麿改め五代目柳家つばめも真打ちに昇進、二人の新真打ちが生まれた。

帰りのタクシーの中、そして自宅に着いてからも立川談志は、古今亭志ん朝（朝太）が先に真打ちに昇進したことを怒っていた。

「面白くないじゃねえか。朝太が親の七光で俺を抜いてった。香盤（協会内部の序列）じゃ俺の方が先輩なんだ。ネタ（噺）の数も奴にゃ負けないし、落語の技術も俺様の方が上だ！　師匠の小さんもだらしがないんだ。理事会で朝太の昇進が決まりそうな時、なんで文句を言わねぇんだ！　志ん生、文楽にだなァ、それはスジが違うでしょう。うちの小ゑんの方が先ですって、なんで言えないんだ！」

披露目の品々を片づけながら、私と一緒に手伝っていた前座の柳家小助（のちの六代目柳家つば女《め》）は、うなずいているしかなかった。

実際古今亭志ん朝誕生の報に衝撃を受けた当時の柳家小ゑんは、廃業や上方落語の方へ移ることを考えていたらしい。

立川談志宅でおそい夕食をいただいた。若くてきれいなお内儀《かみ》さん、則子さんはノンくんノンくんと呼ばれていた。コロッケとごはんと、吸いものが出された。コロッケは三個で、ユーモラスに大、中、小と揚げものが並んでいた。

その夜、生まれてすぐの赤ん坊が大声で泣きだした。すると「うるせえなあ……」と談志師匠がつけてあったラジオのボリュームを大音響にする。部屋中に泣き声とラジオの叫び！　何と不思議なことをする真打ちだろうと、私たちはあぜんとした。

立川談志二十七歳、古今亭志ん朝二十五歳であった。

春風亭柳朝

昭和三十八年、落語界の若手四天王と呼ばれたのが志ん朝、談志の他に春風亭柳朝、三遊亭圓楽の二人。春風亭柳朝三十四歳、三遊亭圓楽三十歳だった。

私がいちばん柳朝師匠とかかわった。というのも八代目林家正蔵の総領弟子で、私の兄弟子に当たるからで、むろん昭和三十七年五月の林家照蔵改め五代目春風亭柳朝の披露目も大いに手伝った。気質は早のみ込みの江戸前で、さっぱりした人なのだが、そそっかしくて、いつも身なりがリュウとした、サングラスをかけるとアル・カポネみたいな太った師匠だった。兄弟子の古典落語はすばらしい。特に職人がタンカを切って言い立てる場面は、聞いてるだけで胸がすく。

家は西武線の椎名町駅からすぐの処で、私は桂文楽門下の文平（のちの柳亭左楽）兄さんと一緒に午前の噺の稽古に伺ったことがある。

今まで寝ていたのか、掛け布団を二ツ折りにして起き上がった柳朝師匠が、

「やあ、おはよう！　早いな……」

パジャマ姿のまま、ビニールをしいて掛け布団の上に、おかみさんの渡す洗面器をおいて顔を洗い、タオルをもらう。私と文平兄さんが眺めていると、次はコップに水をもらい歯をみがき始めた。みんな寝床で作業の、椎名町の朝だった。

柳朝師匠が浴衣に着替えて、噺の稽古が始まった。「大工調べ」を、ピッタリの三十分、一切省略のない本寸法でやってくださった。

「何か、質問あるかい？」

尋ねられて、はじめて二人とも気が戻った。聞きほれてしまったのである。これじゃ稽古にならない。帰り道、椎名町駅に向かっていると、ポツリと文平兄さんが言った。「木久ちゃん、俺たちにはヤレナイな」

よく映画にも出演した。昭和四十年、日米合作映画『勇者のみ』に日本兵役で出た。柳朝師匠はフランク・シナトラとの共演を楽しみにして、彼のスタッフにプレゼントするんだと名店「酒悦《しゅえつ》」の福

神漬け壜入りを三十個、私に買ってこさせ、こう言った。「プリーズ、ジャパニーズ・ピクルス、プレゼント!」

三遊亭圓楽

落語界若手四天王のうち、いちばん私とお付き合いがあったのは日本テレビ系列の「笑点」大喜利の四代目司会者だった三遊亭圓楽師匠で、亡くなるまでの約五十年もの歳月を、番組収録や落語会などで一緒にすごしたことになる。

三遊亭全生から五代目三遊亭圓楽を襲名して真打ち昇進となったのが昭和三十七年十月。この時も序列では先輩の柳家小ゑん、のちの立川談志が怒った。

後輩の古今亭志ん朝に抜かれ、そしてまた、三遊亭圓楽にもおくれをとり怒髪天を突いたそうだ。新宿末廣亭のお席亭のお婿さんの杉田支配人の処へ涙をこぼしながら訴えてきたという。

「志ん朝は親が会長の志ん生で、向かう所敵なしなんだから真打になるのは当り前だ。だけど全生なんて坊主のせがれで、なんだかわけがわからない。

身内にひとりも芸人がいない。だから情実でなるってわけじゃない。

それがなるっていうのは、どう考えても釈然としない。芸の力でなったとは認めたくない。

気に入らねえ、なんだ、あんな奴の芸」

(「圓楽　芸談　しゃれ噺」白夜書房刊より)

ここで縁があるのは、私の師匠八代目林家正蔵師匠が、先々代三遊亭圓楽を名乗っていて、この名前を襲名するようにすすめたこと。

三遊亭圓楽という芸名は、一生売れないか、早死にするか、どっち道不吉な名前だからと業界で伝えられていたものだから、五代目襲名というのは仲間内が驚いた。

するとどうだろう、やがて演芸番組「笑点」の司会者として全国に三遊亭圓楽の名をとどろかせることになる。

そして昭和五十三年の落語協会分裂で三遊派のリーダーとして活躍し、波瀾万丈の人生をくぐることに……。

二ッ目昇進

前座修業を四年間なんとか務め、私が晴れて二ッ目に昇進したのが、昭和三十九年九月。芸名は林家木久蔵のまま、手拭いを名入りに染めて、一緒に二ッ目になった金原亭《きんげんてい》桂太（現・金原亭伯楽）さん、付き添いの金原亭馬生師匠、林家正蔵師匠と、四名で黒紋付きに袴《はかま》の正装をして当時の落語協会会長・桂文楽師匠宅と落語芸術協会会長・春風亭柳橋師匠宅の処へあいさつ回りに伺った。

文楽会長宅が黒門町、柳橋会長宅は駒込で、ハレの場面ですから普通タクシー二台で出向くのですが、正蔵師匠が大のタクシー嫌い。それはぜいたくというので四人とも正装のままバスにゆられて行く。今でもあの時の様子が、いい想い出となってよみがえる。

噺家の位は、見習い、前座、二ッ目、真打ち、幹部の決まりがあって、私は昇進してやっと楽屋働きから解放され、自分の時間が持てるようになり、本当にうれしかった。

根岸の林家三平師匠の処へ二ッ目のあいさつに伺った時のこと、階下で香葉子夫人と話をしていると、着物姿の三平師匠がダダダダーッとすごい勢いで階段を下りてきて、いきなりちゃぶ台の上に乗っかって、正座してしまった。

私を面白がらせようとした三平師匠の演技だったんですが、いきなりだったので、どう反応したらいいのか私はほとほと困りました。

「木久蔵さん、おめでとう！　もう大変なんですから！」

ちゃぶ台の横には、三平師匠愛用の緑色の袴が、きちんと畳紙《たとう》に包んで置いてあり、お祝いにいただいた。

普通二ッ目の祝いは帯とかをくださる方が多いが、三平師匠からはお使いになっていた袴を賜り、袴の膝の処に手をあてた脂汗の跡があった。私にとってそれがまたうれしくて、後に高座の私は、芸にあやかろうと、同じ場所に手を重ね念じた。

昭和四十年代、テレビ演芸の時代がやってきていた。

本牧亭

今はもうなくなってしまったが、上野広小路の鈴本演芸場の手前の横町を入った処に講談の定席本牧亭があった。本牧亭は改築される昭和四十七年まで、毎月定期的に「林家正蔵会」が開かれ、正蔵一門の会なので私も前座のころから出入りして働いていた。

寄席は木戸から上がった二階にあり、畳敷きで百人ぐらい入れた。階下に将棋クラブや酒もある牛めし店も経営し、庶民の遊び場でとてもにぎわっていた。

席亭は鈴本とは親せき筋の名物お内儀の石井英子さん。長女孝子さんの婿清水基嘉《もとよし》さんと私はほぼ同世代、私の二ッ目昇進が二十七歳だったから、二十六歳の若さで、そのころからよく遊びに連れてってもらった。

清水さんは慶応ボーイでとにかく講談、落語、邦楽などに精通している。学生時代は歌舞伎研究会で「鳴神《なるかみ》」の女形雲の絶間姫をやったというくらいだから、とても粋な人だった。背が一八〇センチ以上、色白で鼻筋がすっと高くいつもニコニコ、どこへ行ってもよくモテる。私は、きっと落語の若旦那っていうのはこういう人だろうな、と思ったものだ。

森永乳業時代の清水工場長、漫画の清水崑先生に続き本牧亭の入り婿清水基嘉さんと、私は三人目の清水さんに遭遇したのだ。

会うと、私や落語家の若手を、湯島天神下、芝神明《しばしんめい》、神田明神下の待合など粋な場所に連れて行ってくれたが、それというのもお兄ちゃんと呼ばれている清水さんの実家が、白山下の「田川」という待合だったのだから色町で遊ぶのにはなれていて当然。

そのころ清水さんは勤めていた有楽町のスバル興業を

武津子夫人の兄でキューピット役となった清水基嘉さん

やめて、本牧亭を手伝い始め、講談定席昼興行の他、夜の貸席、落語、浪曲、義太夫、浄瑠璃などの会をやっており、私は頼まれてめくり字を書いたり、いいアルバイトになっていた。

清水さんは、なぜかいつも三人の妹さんたちの写真を持っていて、酔うと写真を取り出しては「誰かうちの妹をもらってくださいよ！」という癖があった。写真の中の娘さんたちの笑顔が三人ともキレイで素敵だった。

お嫁さん

清水さんの妹さんのうち、いちばん下の妹さんの写真は、背が高く、プロポーションがよく、目がくりくりっとつり上がっていて、私は一目で気に入ってしまった。

ある夜のこと、清水さんの実家白山下の「田川」で四、五人で飲んでいると、彼が私に、

「今、妹がお風呂に入ってますから、行くと面白いですよ……」

いたずらっぽく言う。

私も酔っていたので、頭にカーッと血がのぼり、宴席の奥座敷から廊下に出て、トイレの向かい側の風呂場とおぼしき引き戸を、ガラガラと開けた。

すると三女が立っていた。

「駄目！　来ちゃ駄目！」

と私に言ってるんですが、なぜか風呂上がりの裸のままだ。彼女もよっぽど驚いたのだろうが、私も凍りついたまま見つめていた。

それからの私は家に帰っても寝られず、まんじりともせず朝を迎えた。

午前八時ごろになったので、もう清水さんも起きているだろうと電話を入れて、声がしたからいきなり、「三番目の妹さんを下さい！」と申し込んだ。

しかし、清水さんは何のことやら分からないらしく、受話器のむこうから言う。

「何ですか？」

「ゆうべの妹さんを、私のお嫁さんにしたいんです」

「冗談じゃないですよ。武津子は高校を出て就職したばかりで、まだ十八歳なんですよ。結婚なんて早すぎます」

「えっ。でも、お嫁さんにどうだって、ゆうべも言ってたじゃないですか！」

「そんなこと覚えてませんよ」。ノレンに腕おしで会話が続く……。

どうしようかと迷い、姉妹の長女、京子さんに相談すると、

「お兄ちゃんに言ってもダメよ、実家に直接行けば……」と。

筆者が一目ぼれした武津子夫人
（二十歳の頃）

結婚

清水さんの妹京子さんは、モデル事務所を開き、CMやショーの仕事の斡旋《あっせん》をしていた。私も司会の仕事をもらったりしていたから相談できる有難い人だった。

当たって砕けろと教わった清水家に向かう。

待合「田川」の路地から二、三分の処に住まいがあった。店と家庭で暮らしむきが別になっていた。お会いするとお母さんの婦美子さんは本当にいい人で、いきなり訪れた私を家に上げてくださり、夕ごはんをごちそうになった。しばらくして、お父さんの清水孝次郎さんが帰ってきた。

私が食べているちゃぶ台の、座椅子の席を指さしてカンカンに怒っている。

「君は誰だ！　無礼者！　私の席で知らん男がメシを食っとる！　許さん」

さあ大変なことになった。私は脱兎《だっと》のごとく靴を小わきにかかえて家を飛び出した。裸足に路地の砂利がささって痛かった。

以後に母が清水家へ出向いてお父さんに平あやまり、基嘉《たかよし》さんや京子さん、そしてお母さんの取りなしもあって食事会を開いて顔合わせとなった。

初老のお父さんは立派な顔つきの鼻の高い時代劇の家老役のような人だった。しかし、結婚の件は孝次郎さんがなかなか許してくれない。私の方は、とにかく早く式をあげたかった……。何度目かに清水宅を訪ね

結婚を申し込んだ二ツ目の頃

た時、結婚式場や披露宴会場を勝手に決めて報告した。さあ父は怒った！

「無礼者！　結婚の日取りを私に何の相談もなく決めおって！」

「し、しかしこの日しか東京会館は、空いてないそうで……」

言い訳をしたら、もっと怒らせてしまった。私はまた、靴をかかえて、母をおいたまま清水家の路地を飛び出して行った。

昭和四十二年五月七日昼、豊田洋と清水武律子は丸の内の東京会館で結婚式を挙げ、披露宴を有楽町の東京交通会館で行った。媒酌人は清水崑先生ご夫妻……。

消えた花婿

新郎が二十九歳、新婦二十歳の若い木久蔵夫婦の誕生に、主賓に林家正蔵夫妻の他、百名ぐらいの来賓が出席してくださり、有楽町の東京交通会館の宴席は華やいだ……。

うれしくて仕方のない私は、その半面どうしようもなく憂うつだった。

というのも、私は同じ五月七日午後一時からの、帝国ホテルでの結婚披露宴の司会も引き受けてしまっていた。そちらから、よく仕事をいただいていたので、自分の婚礼の披露宴の案内状も差し上げておいたら、すぐに宴会課の方から電話があった。

「木久蔵さん、このたびはおめでとうございます。ところであなたの結婚披露宴の日、同じ時刻にうちで司会の仕事が入ってますが……」。慌てて、手帳を確認すると、確かにメモしてある！

すぐに帝国ホテルの宴会課に菓子折りを持って出向き、丁重にあやまって、代役をつけますのでとお願いする。しかしホテル側ではこちらの案内状に司会者の名前を刷ってしまってあるので、当日になって司会者が代わるというのはホテルの信用にかかわりますので、それはできませんと断られてしまう。伝統あるホテル！　完全な私のチョンボ。

「こうなったら、何とか両方ともやるしかない！」

私の方の開宴を三十分くりあげ、ホテル側の開宴を三十分くり下げてもらい、そのかせいだ一時間で始末するという作戦に出た。

東京交通会館の乾杯の音頭まで私と花嫁がいて、以後は紋付き袴姿で出席の仲間柳家小きん（のちの柳家つば女《め》）を説得して花婿になってもらいホテルに駆けつけた。

帝国ホテルの披露宴を何とかこなして、私の宴席場にタクシーを使いたどり着くと、まったく人の気配はなく花婿がいなくなったと大騒ぎ、あきれた来賓は帰っていったという。

母と花嫁が中央のテーブルにいた。

「ねえ！　長いこと何処《どこ》へ行ってたの」と花嫁が一言。

結婚披露宴で笑顔の武津子夫人と

笑点1

日本テレビ系列「笑点」は、平成二十八年五月十五日の放映をもって満五十周年を迎えた。レギュラーメンバーの私は、初回より今まで五十年間番組を支えてきた桂歌丸師匠に心からの敬意とお疲れさまを申し上げる。師匠は司会の座を勇退、後進に席をゆずることを決め大喜利の最後をしめくくった。翌週二十二日の新司会者発表に驚かれた視聴者の方も多かったのでは……。

私も歌丸師匠の後輩として、「笑点」のレギュラー入り四十七年になる（今年は「笑点」五十五周年目になります）。「笑点」は完全に私のライフワーク、今では血となり肉となっている。

ふり返れば長い道のりだったが、あっという間の過ぎし日のこと、私の「笑点」の歴史をひもといてみる。

私が二ッ目の身分で、「笑点」のメンバーになったのが昭和四十四年のこと、司会者は初代の立川談志から前田武彦に代わった時だった。

実は私は昭和四十二年に「笑点」の若手大喜利に出演していたのだ。立川談志司会で他に柳家さん治（現・小三治）、柳家小きん（のちのつば女）その他がいたが、若手大喜利は野球でいえば二軍みたいなもの。人気者の先輩たちを横目にふんばってみても、時々単発で出番があるだけ、チャンスはなかなか訪れなかった。

ところが私に光がさしたのだ。

昭和四十四年のはじめ司会者立川談志とレギュラーメンバーの対立があり、三遊亭圓楽、桂歌丸、三遊亭金遊（のちの小圓遊）、柳亭小痴楽（のちの春風亭梅橋）、林家こん平の先輩たちが番組を降りてしまう。司会者談志は新メンバーを揃えたて直しをはかるが、視聴率一ケタを数えついに城の明け渡し。

「笑点」は新司会者の前田武彦を中心に、扇状に解答者が座るレギュラーが八名、三遊亭金馬、三遊亭歌奴（三代目圓歌）の両キャプテンに、桂歌丸、三遊亭小圓遊、三升家勝二（現・小勝）、柳家さん吉、柳家小きん、林家木久蔵といったメンバーで健闘するのだが、この八名がうまくいかなかった。

笑点2

マエタケ（前田武彦）さんで始まった新しい「笑点」がうまく運ばなかったのは、収録が隔週土曜日で、当時落語「授業中」の「山のアナアナ……」で人気のあった三遊亭歌奴師匠の仕事が重なり、レギュラーの「笑点」をよく休んだためだ。今では考えられないことだ。

プロデューサーの日本テレビ小暮美雄さんは、困って私に歌奴師匠の大きな似顔絵を依頼、それを座布団の上に立てかけてお茶をにごしたりしていたが、しょせんは似顔絵、テレビに映ってもしゃべらないし動かない。キャプテン不在が度重なる。

前田武彦さんはフジテレビ系列「夜のヒットスタジオ」という生番組を持っていて、「笑点」の地方収録の回数も増える中、地方からのとんぼ返り、東京で夜の番組を終えて翌朝、地方収録に駆けつけることもあった。

そんな中、北海道収録の際大雪で飛行機が飛ばず、どうしてもマエタケさんが来られない。現地で臨時の司会者として代行を務めたのが演芸ゲストだった三人組てんぷくトリオの三波伸介さん。そのことがかえってテレビの融通性が出て、ことなきを得た……と今は亡き小暮プロデューサーの述懐がある。座布団運びをやったのは同じてんぷくトリオの伊東四朗さんだから意外な人選だった。

そしてこの時の三波伸介さんの司会ぶりが前田武彦さんの後任につながる。


昭和四十五年も末の十二月二十日からの「笑点」司会者三代目に三波伸介さんが起用される。メンバーは戻ってきた三遊亭圓楽、桂歌丸、三遊亭小圓遊、そして三遊亭圓窓、柳家小きん（のちのつば女）、林家木久蔵の六名。「笑点」の司会者となった三波さんは人気急上昇となりビッグタレントとなってゆく。

よく私は前田武彦さん時代と三波伸介さんとの違いはと聞かれる。マエタケさんの大喜利はラジオ的、三波さんの司会は三波伸介一座の劇場的な進行だったとお答えしている。昭和四十七年柳家小きん卒業、林家こん平復帰となる。

笑点3

私が「笑点」のメンバーになってから、いちばん腐心したのは自分の立ち位置だった。

ひと昔前の「笑点」出演者は、落語長屋の住人で、司会者は大家さん、そしてメンバー横一列に桂歌丸が小言幸兵衛、三遊亭小圓遊がキザな若旦那、三遊亭圓楽がわけ識《し》りの学者、林家こん平は田舎ものの権助、私は長屋の与太郎といった役割分担だった。

ところがこれでは古いから若い視聴者にも判り易くと、それぞれが独自にキャラクターを新しくした。圓楽は湯上がりの男、星の王子様、名人圓楽、桂歌丸はハゲを前面に押し出し、小圓遊はキザな柄でニースの別荘、マドモワゼル、軽井沢のばあや……などのセリフを連発。林家こん平は田舎出のバイタリティーを前面に「越後といえば田中角栄、三波春夫、林家こん平でーす」と郷土色を出す。

食べるしぐさをする二ツ目時代

星の王子様圓楽は、ＮＨＫ紅白歌合戦のゲストに呼ばれるほどの大人気で「笑点」はますます意気が上がる。

その中でレギュラーで新人の私だけキャラクターがない。

老舗デパートの間にはさまれた、開店したばかりのスーパーマーケットみたいなもの。さあ焦った……どうしよう……。ちょうど私がそのことで悩んでいるころ、ＮＨＫテレビ時代劇で高橋英樹主演の「鞍馬天狗」が、昭和四十四年十月から始まっていた。

これだっ！　と私はひらめいた。

そうだ！　鞍馬天狗だ！　小さい時からあこがれていた嵐寛寿郎の映画『鞍馬天狗』。戦前、戦後で四十本のシリーズ作品。その映像が私と同世代のチャンバラ好きな人たちの脳にきっときざまれているに違いない！

「笑点」ファンの男性視聴者の頭の中から、それを掘り起こせば、テレビ的にはきっと当たるぞ、しめた！

以後、私は意識して大喜利の設問の解答に使った。

「杉作、日本の夜明けは近い！」

杉作とは鞍馬天狗を慕う角兵衛獅子の少年で子どものアイドル。そしてこのフレーズは大当たりとなった。

笑点4

「杉作、日本の夜明けは近い！」のセリフは私の造語で「鞍馬天狗」の原作者大佛次郎の本には載っていない。

しかし、「笑点」の伸長とともにこの「杉作！」はじわじわと流行っていった。週刊新潮に「男性自身」という山口瞳さんのページがあって、昭和四十八年夏号の中に私のことが載っていた。うれしかったなあ。

〝日本テレビ「笑点」の大喜利のメンバーでは林家木久蔵。先日の「海水パンツがとれてしまった。そこで何か一言」という設問に、「杉作、おじさんは海水パンツが脱げても覆面はとらないのだよ」という答えには笑った。ただし落語は一度も聞いたことがない〟

私は子どものファンから「キクちゃん」「キクちゃん」と呼ばれるようになり、鞍馬天狗効果で仕事も増えた。

　レナウンから下着のCMの依頼があった。私は黒覆面で白いレナウンの丸首シャツ、ステテコ姿、涼しそうな和室で昼寝をしている。そばに蚊取り線香の煙がゆらぎ、風鈴がゆれて風が通りぬけてゆく……、といったような画像だったが、これでテレビCMの賞をいただいた。

　そして杉作がキッカケで鞍馬天狗のご本尊さま、大スター嵐寛寿郎先生ととうとうご一緒することができた。

　昭和五十年七月、後楽園ホール「笑点」収録の三波伸介「何でもコーナー」のゲストは嵐寛先生。私はお茶出し役、きん張のあまり、鞍馬天狗のワキにおいてあった刀を右足でふんづけてしまった。

　嵐寛寿郎先生が私をジロリ……。

　私が中京テレビ収録の「笑点」でめでたく座布団十枚獲得した時、賞として「笑点鞍馬天狗」を本多益幸プロデューサーの発案で撮ろうとなった。

　キャストは鞍馬天狗が私、近藤勇・三波伸介、土方歳三・三遊亭圓楽、桂小五郎・桂歌丸、杉作・山田隆夫他、特別出演が嵐寛寿郎先生。ところが予算が十万円しかなく流れてしまい残念無念！

嵐寛寿郎氏と鞍馬天狗に扮した筆者

真打ち昇進

また、また私に幸運の女神が笑った。

昭和四十六年四月五日スタートのＴＢＳ系列朝のワイドショー「モーニングジャンボ」のリポーターとして、一日おきに朝のテレビに顔を出す、自分のコーナーを持つことができたのだ。

総合司会者の局アナの鈴木治彦さんのお声掛けで、こちらの方も楽しく面白く一生懸命、十年間ほどつとめた。笑点の演芸畑とモーニングの社会派の両輪のクルマとなって進んでいくことができ本当に幸せだった。

ＴＢＳの朝ワイドがスタートした時代は、先輩にフジテレビ系列「小川宏ショー」、ＮＥＴテレビ（現テレビ朝日）系列「奈良和モーニングショー」、ＮＨＫ「スタジオ１０２」と激戦の時間帯で、ＴＢＳが浮上するのには時間がかかった。

放送日には早朝五時半起きで、住んでいた三鷹の家から局のある赤坂まで迎えの車で向かう。放送開始は八時半から、私のコーナーは全て生中継の「お早うサテライト」「パパの戦場」、冠がついて「木久蔵の体験レポート」「ザ・スクープ」とこなしていった。

少年時代からの新聞配達といい、落語家になってからも朝の苦労をするとは、と気付き笑ってしまった。

真打ちに昇進し笑顔の筆者

でも私はワイド番組のリポーターの先駆者だったと自負している。

長女が生まれて幼稚園児になり、私は父親としてしっかりしなければと、つくづく実感した次第。

昭和四十八年秋、私の真打ち昇進が決まる。晴れて師匠と呼ばれるようになる！　とてもうれしかった。

私が昇進したころは、二ッ目の落語家がとても増えて、これまでのように春、秋に二、三人ずつの真打ち昇進では、出世が遅れ何十年もかかってしまう。当時の落語協会柳家小さん会長が大改革をして、キャリアのある二ッ目をまとめて真打ちにすると決め、そこでいっぺんに春に十人、秋に十人の二ッ目が真打ちに昇進することになり、それが協会分裂の引き金に……。

落語協会分裂

私が所属している落語協会分裂の話。

ことの起こりは昭和五十三年五月八日の落語協会の理事会に始まる。

協会には会員百六十八人、うち落語家の二ッ目という真打ち候補の若者が六十四人。いちばん下のものが昇進するには何十年という歳月がかかる。そこで柳家小さん会長、林家正蔵顧問が来春五人、秋に五人の真打ち昇進はどうだろうという意見になった。この席でまっ向から反対したのが三遊亭圓生。二十四日、ホテルで記者会見し反対の弁。

「（大量）真打ち問題に賛成しろという。私はプロだ。素人（即席真打ちたち）とやるのはいやだ。

この節アグラをかいている人が多いが、生きている間は勉強です！」

この時、新しく創る三遊協会へと行動したのは三遊亭圓楽をはじめとする一門、先代橘家圓蔵、月の家圓鏡（八代目圓蔵）、古今亭志ん朝ら若手を含め約五十名。

そして同じ日の午後三時、上野鈴本演芸場の楽屋で落語協会柳家小さん会長、金原亭馬生副会長による記者会見。

「正式にこちらに届け出もしないで会を創るという。早い話、なぐり込みにあったようなものだ。昔のように寄席がたくさんあるならいい。四軒しかない席を知らないうちに取って……人間のやることっちゃない！　無理に真打ちを作ろうってんじゃない。そういう事態なんだ！」

まっ向から対立、大騒ぎになった。


ところで裏話がある。立川談志が持論の落語協会、落語芸術協会のほかに、もう一つの会を作って、寄席の上席、中席、下席を交互にやったらいいと考えていて、協会分裂の波にのり、三遊派の会長たらんとひと肌ぬぎ、寄席お席亭（主人）などの根まわしをした。が、フタをあけると三遊派は圓生会長でゆく、お席亭は三遊派を認めないので出演お断りと発表、志ん朝師匠をはじめとする旧協会員はもとのサヤに戻り、三遊亭圓生一門は寄席から締め出されてしまった。この間の右往左往はゾッとする。

ラーメン党

ラーメンブームが燎原《りょうげん》の火のように広がり、いまだに盛んだが、その火つけ役はこの私だと自負している。

なんで落語家なのにラーメン業に励むようになったのか。事の次第をくわしく述べると単行本一冊分はゆうに超してしまうので、ダイジェストにすると……。

さかのぼること昭和五十六年十二月、林家木久蔵著「なるほど・ザ・ラーメン」（かんき出版）という本を出版した。

わが国で初めてのはずのラーメンの新書判単行本。そしてこの本がラーメンブームの起爆剤になった。

ラーメンは以前から人気のある食べもの。特に落語家は仕事でよく旅をするから外食が多い。たいがいカツ丼、そば、ラーメンといったところだ。ラーメン好きの私が楽屋の仲間用にラーメン食べ歩きの紹介を刷って配った。それが大変面白いと本屋が目をつけ、出版する。

ラーメン情報をもりだくさんに書き込み、単行本のうしろの一ページに余白ができたので、シャレで読み物として「全国ラーメン党結成のお知らせ」と書き込んでみた。

全国のラーメン好き募集中、事務局の住所、電話番

全国ラーメン党１号店の六本木店
オープン（昭和六〇年八月十五日）

号、党費（通信費）は出版社宛て。ラーメン党会長林家木久蔵として面白がって編集者たちと盛り上がった。あくまでシャレとして……。

するとどうだろう。一週間後には臨時事務局にした出版元に、五百通近い、入党申し込みの手紙やハガキが届くわ、問い合わせの電話はひっきりなし。通信費も送金されたり、これはふざけたことをしてはいけないと、一同ファンの声に応えようと、まだ形にもなっていないがラーメン党党大会をひらこうよ、本の販路もひろがることだからと……。

全国ラーメン党結成、総決起大会が新宿クッキングアカデミー、四階で開かれたのが昭和五十七年五月二十八日昼、本当は五月一日のメーデーにひっかけメンデーにしたかったのだが。

党決起大会

今でも忘れられないあの日の興奮、全国ラーメン党決起大会（昭和五十七年五月二十八日）。会場は、東京・西武新宿駅前にある新宿クッキングアカデミー四階の料理教室で午後三時に開場。そこへ南は福岡、北は札幌からの熱心なラーメンファン百五十名、マスコミ、テレビ局リポーターもやってきて大入りのすごい盛況になった。

私がデザインしたラーメン党オリジナルTシャツを、一体感を出そうと全員に配り着てもらったら、どの人がラーメン党員で、誰が取材陣なのか判らなくなってしまった。

むかえるラーメン党事務局スタッフは、出版社の青年一名、友人で広告代理店勤務一名、弟子の雷蔵と寿美蔵に私の五名で大忙し。

料理教室正面にラーメン党会長の私と、副会長になってもらった吉本興業漫才師横山やすしさんの大きなパネル写真を飾り、よく政党の決起集会にぶら下がっている政党スローガンを真似て、

「ラーメンは人類を救う！」

「人類は麺類！」

「麺は人の上に人をつくらず、人が食べる為に人につくらせる」

とブラ下げて、会場は大いにわいた。

司会進行のは私の領分。鐘を鳴らし、全員起立で国歌斉唱、私が即席で作った「荒城の月」を替え歌にしたラーメン党党歌を電子オルガンに会わせて、

♪　マルコ・ポーロ　花の宴
めぐるドンぶり　影さして
千代の割り箸　わけいでし
昔のチャーシュー　今いずこ

（イタリアのマルコ・ポーロが中国の麺をヒントにスパゲティを考案したという俗説をシャレにした）

お揃《そろ》いのTシャツの上に、各地代表のゼッケンをつけ、はち巻き姿のメンデーは盛り上がる。

盛況だった全国ラーメン党の決起大会（1982 年）

盛況の党大会さ中、私の顔写真が落ちてきて、それを乾杯の音頭をとる九州代表が、バリン！　とふみぬいてしまった、バカ者め！　そしてラーメン党店舗チェーン展開が始まった。

喜多方

東京、北海道、九州と各地のラーメンブームのあと四番目となったのが、喜多方ラーメン、かの地が東北ラーメンの聖地になったのにもラーメン党の私が大いに関わった。

昭和五十七年冬、ＮＨＫ仙台局の依頼で、「東北ラーメン考」という番組を撮った。福島県喜多方から岩手県盛岡までラーメンをたずねて何日かロケをした。リポートするのは私と助手役の弟子林家雷蔵。

喜多方市は、当時人口が約三万七千人で、そこに七十軒もラーメン店があった。都心の高層ビル数棟の中に七十軒もラーメン店が入っていたとしたらこれは多い。

本来、喜多方は蔵のまちで街中にその数四千余りといわれる、アンティークな街並みなのだ。

番組で取り上げた店が二つ。市役所裏にある「満古登《まこと》食堂」。繁盛の理由はダブルスープ、寸胴《ずんどう》鍋二つ、煮干しと豚骨のもの

全国ラーメン党車

を客の老若を考えてドンブリにブレンドして出す、実に食味が良い。「坂内《ばんない》食堂」は、朝からの営業で街の人がラーメンと白いゴハンで朝食をとる。営業時間が朝六時半から夜十一時まで。

後に友人となって、私の紹介で全国のラーメン祭りをともにまわるのが、御主人坂内新吾さん、当時六十四歳。すごい人で毎日清酒一升を飲んでケロリとして働いていた。一体どんな肝臓なのか。笑うと歯が抜けて歯茎だけ、働きながら酒をチビチビやってゴハンを食べない。

このラーメン仙人と家族七名で、朝三時からの仕込み、早朝から三百人、五百人のお客！

ＮＨＫ仙台放送局「東北ラーメン考」のテレビが放映されて、一気に喜多方ラーメンが知れわたり大きな町おこしとなった。

ラーメン党では各地のラーメン祭りを企画して町おこしのお手伝いをした。札幌、旭川、水戸、佐野、千葉、高崎、横浜、鹿児島など、とどまることを知らない。ラーメン党店舗のチェーン展開の方は二十七軒、ところがここでストップしてしまう。次回はラーメン党の話を少し休みます。

笑点司会者

話は前後するが、今のうちに書いておかねばと思うので、私のライフワーク「笑点」のことにふれたいと思う。

ご存じのように「笑点」を五十年間、メンバーから、番組司会者へと支えていた桂歌丸師匠が、体力の限界で平成二十八年五月二十二日の放映分をもって勇退、後任がメンバーの春風亭昇太さんと紹介された。

歌丸師匠と私は四十七年間のお付き合い。いちばんの思い出は十三年前に息子に木久蔵をゆずり、私が木久扇になった「ダブル襲名」の時に、番組で盛り上げていただき、新幹線の電光ニュースにまで取り上げられたことで、二代目木久蔵にとっても恩人だ。

翌週二十九日の「笑点」には六代目司会者として春風亭昇太さんが登場、初司会のテンポもよく、ハラグロ円楽（六代目）さんを程よくあしらい、私も演《や》りよくてフレッシュな気分だった。また二代目林家三平さんのメンバー新加入、林家たい平さんが「笑点」と同じ日本テレビ系列「24時間テレビ愛は地球を救う」のチャリティーランナーを務めることも発表され、「笑点」制作スタッフも意気が上がった。この日は瞬間最高視聴率32・3％の快挙、私たちも歌丸師匠を送る素晴らしいプレゼントになったと大喜びし合った。

新メンバー林家三平さんが私と円楽さんにはさまれて座った。やはり芸人の血すじをひいた人だなァと感じたのは新人にもかかわらず、大喜利の解答が実に落ち着いていたこと、安心した。

サービス精神おう盛な林家たい平さんは、体重七〇キロを超えて太り気味、「花火」のかくし芸でヒザを痛めている。加療と減量をしないと。二十四時間も走るのだから……。

新司会者が発表される前、昇太さんが寄席で楽屋仲間に「次の司会者ダレ？」とさんざん聞かれ、秘密なのだが、めんどくさくなって「オレだよ！　オレ！」と本当のことを言ったのに「誰も信用してくれなかった！」という。実に面白い。

プリンプリン

私が作詞、歌、アニメと三つのことを一人三役でこなした「空とぶプリンプリン」が平成二十八年六月NHK「みんなのうた」で放映、放送された。

詞はプリンの星からやってきたプリンスが、友達のケーキ、エクレア、ショコラ、タルト、クレープ、スフレーたちと地球の子どもにおやつと平和を届けるといった内容で、アニメーションの仕上がりが抜群にキレイ、協力のスタジオプラセボのスタッフさんありがとう。

作曲・編曲は二代目林家木久蔵の友人、元オフコースの鈴木康博さん。

歌はメインが私で木久蔵とその子どもたちクミ（小四）、コタ（小三）が合唱に加わり、鈴木さんが、全面サポートのロック調で軽快。

何よりもうれしかったのが、孫たちと一緒に三世代の吹き込みができたこと。平成二十六年夏、喉頭がんを患った私が、闘病の後に回復し、二年後に歌をうたえるまでになったのが夢のようでありがたい。

木久扇が「空とぶプリンプリン」に込めた想い、それは平和でなかったら、おいしいお菓子は食べられないということ。今の子どもたちのおやつはスナック菓子が中心で品ぞろえはあってもとても淋しい。

私の生まれは東京の下町日本橋、幼いころ朝目覚めると「おめざ」の紙包みが枕元にあった。カリントウ、金平糖、ビスケット、キャラメル、チョコレートの入った紙包み！　はね起きて数えては大喜び。

町内にミルクホールという朝からの珈琲店があって父に連れられ、

「空とぶプリンプリン」イラスト＝林家木久扇

温かい牛乳と冷やっこいプリンに大はしゃぎした。
そして東京大空襲、家は焼けてしまう。

♪　地球はまあるい　プリンもまるい
　　みんなで輪になり　平和をいのろう

六、七月、NHK総合、Eテレ、ラジオ第2で放送された！

田中角栄先生

話は再び昭和の時代へ戻る。ラーメン党の会長私は、ロマンに燃え、もうひとつ大きな話題を呼ぼうとしていた。「麺類の母なる中国へ、ラーメン党の店を出そう！」。昭和五十九年のことで、中国残留孤児が注目されていた時代だった。

日中国交正常化を果たした田中角栄元総理に、直談判で中国の窓口を紹介してもらおうと目白台にあった田中邸を訪れたのが、翌年二月六日朝九時、単身出かけ、やっと対面できることになった。

角栄先生と私をつなげてくださったのは政務担当秘書だった早坂茂三《しげぞう》さん。高校生の息子さんが「笑点」の私のファンということで、何回目かの電話に「五分間だけですよ」と応えていただいた。

目白台にそびえる大きな屋敷、池には鯉、広い応接室は陳情者でいっぱいだった。いよいよ私の順番がきて秘書の案内で執務室に通された。紹介してくれるはずの秘書が退出してしまう。広い部屋に初対面の私一人。

　右手の壁に毛沢東主席と並んだ大きな角栄先生の写真、絨毯に鳥のはく製やいろいろ飾りものが置いてある。角栄先生のうしろは大きな窓、朝日を背にして机に向かって何か書いている黒いシルエット、表情が全ぜん分からないし、まぶしい。私はありったけの勇気をふりしぼってしゃべり始めた。

「入り口の処でね、小さい声で何か言われても聞こえないでしょ。こっちきて、こっち！」。テレビのニュースと同じダミ声が返ってくる。すすめられた椅子にふるえながら腰かけた。

「私は全国ラーメン党会長をつとめる林家木久蔵と申します。このたびラーメン党はラーメンの母なる中国に出店いたしたくロマンに燃えております。残留孤児がお世話になりました中国の皆さんに、安くてうまい日本のラーメンを食べてもらおう！　手づくりの日中友好です。日中国交正常化を果たされました田中先生におすがりして、中国の窓口をご紹介していただきたく……」

　メモの用意をしていた角栄先生の手が止まり私を見すえた。

田中角栄総理と握手する筆者（1958年）

数字

　エンピツの尻で、トントンとテーブルを叩きながら角栄先生は私の顔を見すえる。

「あのね、そりゃ私は日中国交正常化やりましたよ。あのころは毛沢東主席も元気でね、握手した時の手のね、温かさも覚えております。私が総理、大平（正芳）君が外務大臣。あれだけの大きな国を認めないわけにいかないでしょう！

私は中国へ行けば友人知人はたくさんおりますよ。しかし、だ、私が中国へ行ったのは、別にラーメンを食べに行った訳じゃあないの！　そういう用件でいちいち私が関わるということはどうもね、忙しいんですから、帰ってくれ！」

すっかり機嫌を悪くした。

そのころは竹下登さんが創政会という勉強会をつくり、田中派が派閥の中に派閥ができてしまって眠れぬ夜も多かったと伝え聞いていた。

とにかく目の前の元総理は怒っている。沈黙が二人の間に流れた。何とかしなきゃ、自分をふるいたたせて発言した。

「あのォー、申しおくれましたが、ラーメン党は、党員が一万名おります！」

「今、アンタ何て言ったの？」

「ラーメン党の一万人が、日中友好の……」

「そういうことは、早く言いなさいよ！　物事は数字でしょ！　数字。党員が一万名おる、ということは有権者が一万名おる、ということでしょう……。ふむ、ふむ……私の応援できますか？」

「私、会長ですので、党員にはかり応援させていただきます」

角栄先生の顔がパッと明るくなる。

「判った、判った、中国の方はね日中協会、そこから中国大使館とね、連絡しときますから、私の方もね、頼みます。ではラーメン党の諸君にもよろしく！」。角栄先生が手を鳴らすと、待機していたカメラマンが現れて、記念の写真を撮ってくださった。

後日、紹介された日中協会の白西紳一郎事務局長に伴われて、港区元麻布の中国大使館に伺い、文化参事官の蔡子民氏、公使丁民氏にあいさつ、民間外交の成功を激励され北京に飛ぶことになる。

北京へ

昭和六十年三月十一日付、読売新聞朝刊「おあしす」欄に、ラーメン党の記事が載った。

北京発で「全国ラーメン党の会長を名乗る落語家の林家木久蔵さんが、中華麺の本場、北京に乗り込んで、日本風ラーメンの店を開きたいともち出し、関係者をけむに巻いている……（略）」。

私たちは全国のラーメン店経営者の中から、九州ラーメン「味千《あじせん》」チェーンの重光孝治さん、めんちゃんこ亭チェーンの米浜昭英さん、東京・府中に展開する「特一番」チェーンの池田良治さんら私を含め十五名、「全国拉麺《らーめん》党第一回訪中団」という、ものものしい名のツアー。

三月六日から十一日まで北京、西安、広州、上海と巡る。北京では角栄先生の親書を中日友好協会、黄世明秘書長に手渡し直談判、中国風との合作は無理だが日本式の味でやるなら協力しましょうと返事をいただいた。

新聞記者が共産党一党支配の国にラーメン党の店とはずいぶん刺激的な店名だと驚いていた。

私がスピーチで会合の席をなごませようと「日中友好はラーメンの割り箸から。割るとニホン、折るとペキン！」。洒落を言ったら、日本語ペラペラの黄世明さんが手をたたいて喜んでいた。

ラーメン党が考えていた店は、まずアンテナ店として、十二坪前後のカウンター店のはずが、何しろ角栄先生の親書がものをいってか、中日友好協会の物件は繁華街「三里屯《さんりーとん》」近くの土地。空港周辺、大きな公園の裏など千坪、二千坪の処へ案内されて、ホテルを建てるつもりじゃあないんだからと、仲間と顔見合わせて困惑した。

燃料は都市ガスがなくコークスを焚いていたし、中国の教師の月給が三千円の時代で、ラーメン一杯十三円ぐらいの商いにしてくださいと希望された。資金は千五百万円ほどなので、われわれの分担金の相談などいろいろな事があった。

ラーメン党の「中国出店の夢！」を何とか形にしたいと、角栄先生の手前もあり七、八回も訪中したが、交渉は麺だけにのびた、のびた。やがて条件があわず中止となる。

訪中団を率い出店準備を進める筆者（1985年）

スペイン出店

一九八九（平成元）年十月、私たちラーメン党は五輪開催を目指すスペイン・バルセロナに店を開いた。九二（同四）年のバルセロナ五輪、セビリア万博、コロンブス五百年祭、欧州連合（ＥＵ）発足見込みという四大イベントが決まり、大躍進を期待されていた国だった。

「バルセロナにはラーメン店は一軒もありません、チャンスですよ」とすすめたのが、現地のマジョルカ島で和食レストラン「勝軍」を成功させている友人佐藤光憲氏。それ以前に、ラーメン党はバルセロナを視察済み。気候が温暖、風光明媚で開放的な南の国、そしてパスタ料理が盛んでイカ、タコも食材にする。すっかり気に入った。

出店は市のヌマンシア通り、近くに地下鉄サンツ駅、交差点角から五軒目という好条件、東京の青山通りといった感じ。三十四坪にホールは五十席のテーブル、厨房も広い。改装費など、もろもろで費用は六千万円ぐらいだった。

十月十日夜七時、「木久ちゃん館（スペイン語名・カサデボボスケ　キク）」がオープンした。祝辞は日本総領事の八太利勝夫妻、乾杯の音頭は私、ゲストは近隣の業者、在留邦人の方々。紺のハッピに蔦《つた》の紋を染めぬいたスペイン人店員がサービス。入りきれないほどの来賓が、醤油ラーメン、餃子、ソース焼きそば、シューマイ、チャーシュー、デザートの大福や串だんごを「うまい、うまい」と食べ全部なくなった。

さて商売をはじめてみるとリスクはたくさんふん出。水道水が硬水で、うまく麺がゆでられない、ワインを提供するのでアルコール販売の許可がいる。開店は昼十二時だがシエスタ（昼寝）の習慣があるので客が来ない。猫舌の民族らしく熱いラーメンをさまして一杯二時間くらいかけて食べるから客足の回転が悪い。プライドが高いので相席はしない。

柔道も教えている佐藤さんの紹介で、弟子のアントニオ・トニー（一九歳）が来日し、東京・代々木店で三ヵ月間の研

バルセロナにオープンした
「木久ちゃん館」（カサデボボスケ　キク）
（1989 年）

修を終え帰国。ところが当時のスペインには徴兵制度があり、兵役にとられてしまった。スープのとり方、麺のゆで方、餃子の焼き方まで教えたのに……あぁ。

横山やすし

横山やすしとの出逢いは昭和四十二年ごろ、フジテレビ系列の「お茶の間寄席」。横山やすし、西川きよしさんの「やすきよ」が司会で、私はこの番組の大喜利レギュラー。横山やすしと知り合い、よく酒場をハシゴした。

事件が起きる。彼の車がタクシーと接触、運転手と喧嘩になり、暴力沙汰で仕事を干された。上京した折、私の住んでいた武蔵野は深大寺の家に遊びに来た。

一晩中飲みあかした朝、私は朝ごはんに納豆をすすめた。彼は小さな目をまん丸くして「ワシ！納豆キライや！」と形相が凄い。新宿へ出るという彼を調布駅まで送る途中、調布飛行場の脇を行くと、セスナ機三機が駐機場に入っていた。「ええな、セスナ機やでぇ！」。食い入るように眺めていた。

その後、やっさんは渡米の折に五千万円ともいわれるセスナ機を購入、セスナで、東京、大阪の往来になった。

ラーメン党の副会長もお願いして彼との付き合いはますます

横山やすしと（1986年）

す深まり……。深夜、私の家に横山やすしからの電話である「明日は朝早くの仕事で勘弁して」と言うと、「どアホ! 芸人が遊ばんでどないする! ワシ迎えにいくでえ」。

さァ大変。やっさんが来る! 家族三人で二階の六畳間にかくれ布団をかぶっていた。三十分ぐらいするとタクシーが家の前で止まる音がした。「ここや、ここや!」と人が降りる。「おかしいな、シーンとしとる。これはあぶり出さなしゃあない。難儀な奴ちゃ!」。やがて彼がガサゴソと堀を乗り越えて着地した。

勘が鋭いと思ったのは、私たちがひそんでいる部屋の雨戸を物干し竿でバンバン叩き、「木久蔵はんたら、木久蔵はん、落語の名人木久蔵はーん」とさけび始めた。これはいけないと雨戸をあけ「どなた?」と顔を出せば、

「どアホ! おるやないか」

番町句会

噺家は噺の本題に入る前に、マクラといって、短い小噺をふる。その時代の世相や流行を短くまとめ、面白、おかしい噺でご機嫌を伺い本題につなぐものだが、これがなかなか難しい。

私も職業柄、自分の語彙《ごい》の少なさ、しゃべりの無駄の多さをつくづく感じていたから、俳句や川柳にあこがれ、言葉を煮つめる作業がうまくなりますようにと、平成元年の七月、今は亡き土居まさるアナウンサーのすすめで俳句会に入った。

それ以前に文芸雑誌「鳩よ！」に私の句が載り、

葱坊主《ねぎぼうず》揺れて虻《あぶ》などひとめぐり

が取り上げられ得意だったが「葱坊主」と「虻」は季語が重なると注意を受け口惜しかった。以来俳句歴は二十七年。句会の名も「麹町句会」から「番町句会」へと変わり……。

私の俳号は、とよ田三茶《さんさ》。

俳聖の小林一茶から三歩下がって三茶とシャレ、本名をたしたもの。本井英先生（文学博士、俳人）にご指導いただき、毎月一回、夜に句友が集まる。会場は皇居のお堀ばたにある宮内庁御用達、お菓子の「開新堂」ビルの階上で経営者山本道子さんの肝いりで開かれる。

句友は十二、三名集い異業種交流。何よりの楽しみは句会のあとの小パーティー、毎回ワインとご馳走で盛り上がる。

毎月一人五句を持ちより、当日の席題が二句の計七句を本井先生と句友が選句する。泊まりがけの吟行もあるし、休むと置いてゆかれるし、創っては捨て、油断ならない。

夏稽古襖《ふすま》へだてて弟子の声

鰻飯《うなぎめし》まだ温き楽屋かな

俳句の本井英先生と

世田谷線すぎてあじさいゆれており
あじさいの寺横切って世田谷線
鈴虫の鳴く音しみ入り雨模様

とよ田三茶

高浜虚子編『季寄せ』を手に、本井選になった拙句、五句です。

象を買う

昭和五十三年春、十日間の休みをとり友人たちに私の家族四人、計十五人のグループでタイ国パタヤビーチに遊んだ。

宿泊はヨーロッパ風のホテル・ロイヤルクリフ。大きなひょうたん形のプールで子どもたちと泳いでいると、大きな夕日が沈んでゆく。美しさに見とれているうちに夕日の中に大きな影絵が入ってきた。象の背中のかごに子どもたちが納まり、頭の方に象使いがのってムチをふっている。

プールの中にバーがあり、スコッチソーダで盛り上がっていた私やお父さんたちは情景があまり素晴らしいので一計を思いついた。あの商売を日本の湘南か千葉でやって日本の子どもたちを喜ばせよう。象の名前は「木久象」が良い、もうかるよ！　とガイドのプラパン・マツカラカンに象パークを紹介してもらい、私も含め四人のお父さんたちは十七万円ずつ出資して一頭の象を買ってしまった。

商談成立、手続きをすませて調べると、世界にはワシントン条約という動物保護の条約があり、むやみに象の輸出入などできず、タイ国内で飼うことになるという。金を出した以上どうにか輸入しよう！　ガイドに調べさせるとマレーシアがワシントン条約加盟国ではない、と言ったので象飼育係とともに列車で陸送した。

帰国して、さて仲間との楽しみは象のこと。明日着くか、来月かと待っているうち航空便が届き「マレーシアには小動物はいるが、象のような大きな動物は棲息していないのでタイへ送り返す」とあった。

象は餌も食べればフンもする。飼育係の給料や管理代などを皆で出しあって送金するうちに「木久象」が風邪をひいて熱があるから注射をしてもいいかと電報がきた。

可哀《かわい》そうにと相談の上ＯＫを出せば、注射一回分で四万円の請求。それはそうだろう、あれだけ大きな身体の動物だもの、注射液もさぞかしの量だろう。しかし何回ぐらい注射すれば治るのかしらんと、変な心配。結局、金は払ったが象は来ない。埼玉県の越谷に大きなオリまで手配してあったのに……。

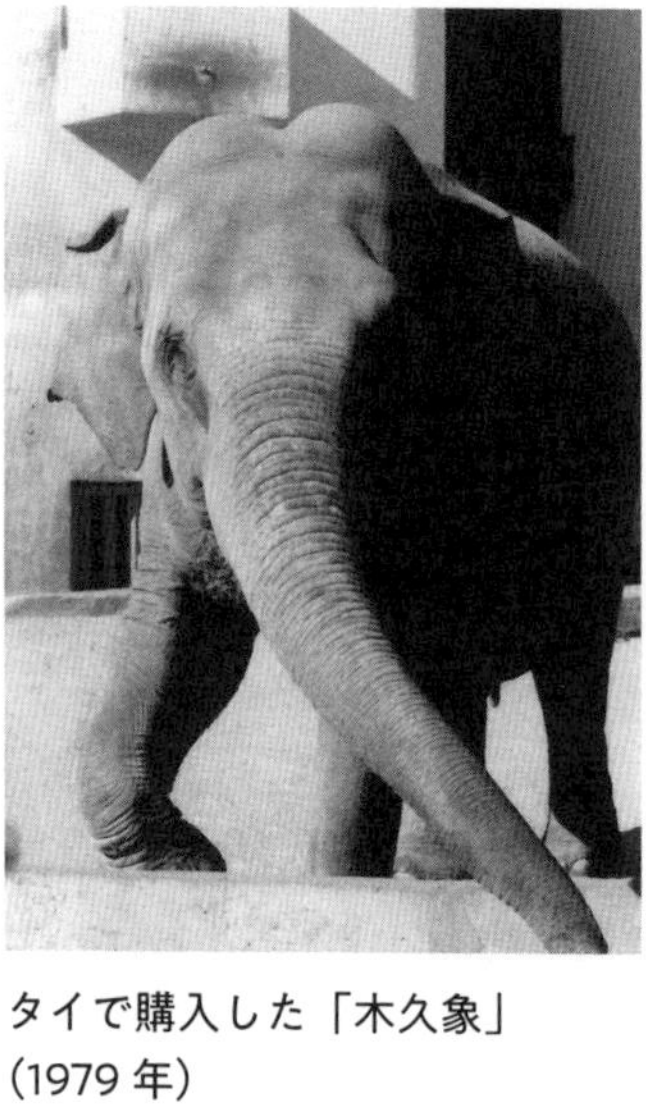
タイで購入した「木久象」
(1979 年)

母の死

私の母は昭和六十三年二月二十一日に亡くなった。享年七十八。今、自分はその歳をすぎて八十二歳だから感無量だ。
住まいは世田谷区経堂の二間のアパート。一人暮らしで生計は小唄教室、春日小春豊《かすがこはるとよ》を名乗り、三味線を教えていた。人柄は江戸前でそそっかしさが愛嬌で、通うおばさんたちの弟子も多かった。何しろ月謝三千円なのに、昼時だと寿司の出前を二人前とり、おごってしまうので赤字、おかしな計算なのだ。そこで生活費は私がみていた。

母の近くに住む妹の知らせに、夕刻とんで行くと六畳間にうつぶせになり母が倒れていた。きれいな顔をして、髪もパーマがかかっていて、しかし額の右に小さな紫色のアザがある。立ちあがってクラクラとなり、コタツの角で頭をぶつけたらしいと妹が説明する。コタツの上に湯呑みとゴハン茶碗、お皿に野菜の天ぷらが二つ、小さなジャーには保温のご飯、死ぬつもりはなかったのだ。

発見は二十二日午後四時すぎ、母の友人から妹に電話があり、箱根湯本駅の集合場所に約束した母が来ていないという連絡からだった。やがて、北沢警察署からM刑事課係長とA刑事がみえた。事故死扱いで検視と事情聴取。

「最期のときそばにいてあげられなくてごめんなさい。母さん。老後も人に頼らず明るく暮らしてえらかったね。私が小学生のとき、お父さんと別れて苦労したんだよね……」

まっ暗やみに照明弾がはじけ、プロペラの轟音とともに東京大空襲、アメリカのB29の編隊！　母は、私や妹に防空頭巾をかぶせ、水筒をさげて近くの久松小学校へとせきたてて……　幼い日のこわかった幻がパァーッと浮かび上がる。

北沢署の刑事さんが小声で言う。

在りし日の母と

「肉親との離別は大変悲しいものです。しかし子孝行な方です。お母さんは旅行を楽しみに、パーマまでかけて、その気持ちのまま亡くなられた。苦しまなかったし、病気でもない。こんな子ども想いのお母さんはいませんよ」

やがて訪れる人でお線香が増えてきた。お母さんさよならを心から……！

市川右太衛門

平成六年七月二十一日、落語協会理事会の成田山詣りがあった。参加者は柳家小さん会長、三遊亭金馬、柳家小せん、橘家圓蔵の各師匠に私と事務員。帰途の京成電車の中で小さん会長が私にたずねた。

「今どこへ（寄席は）出てるの？」

「上野（鈴本）と浅草（演芸ホール）です」

「じゃあ、上野へ届けとくよ」

「はあ？」

「右太衛門先生の浴衣さ。殿（市川右太衛門）から君にもね」

「ありがとうございます」

後日、上野鈴本演芸場に松皮菱《びし》が入った右太衛門浴衣が届いていた。うれしかった、大喜びした。小さん師匠の音頭とりで結成されたのが右太衛門先生を応援する「三日月党」。私も党の一員で、浴衣の話のころは入党十年目。「三日月」とは市川右太衛門当たり役、旗本退屈男の額の三日月形の傷がトレードマーク、そこから名付けたファンクラブだった。

三日月党は年々盛んとなり、会員二十名ぐらいで箱根温泉一泊旅行もした。帰りはタクシーで山を下った。助手席に興津要《おきつかなめ》早大教育学部教授。後部座席は三人乗りで右太衛門先生、小さん師匠、そのまん中に私が座った。坂道を左に右にゆれる度に、私は身を縮めて身体の重心がお二方にかからぬよう、麓の小田急電車ロマンスカーが見えるまで、えらい苦労をしたが……。

今考えるとすごい想い出だ。

市川右太衛門先生と私は、国際的な親睦クラブで毎週お会いして、隣席させていただき、そして先生を通じて片岡千恵蔵先生の話を伺った。「足が弱ってしまってね。私のように朝の散歩をしたんですがね、もう途中でね、歩けなくなってねえ。あれ、マージャンばかりやっとってね。千恵さんは、だからね……」とリポートしてくださったのが右太衛門先生なのだから、こんなぜいたくな席はない。

「そうれ見よ！　額の三日月傷を何と心得る！」。名セリフの右太衛門先生はご長寿で九十二歳の生涯だった。

市川右太衛門と

リウマチと笑い

リウマチは難病で、その痛みを取り去るのに笑いの効用があるのではないか、ということにたどりついたのが、当時日本医科大リウマチ科教授の吉野槙一先生だった。ぜひ重度のリウマチ患者さんの前で爆笑落語を披露してほしいと依頼があり、リウマチ寄席を開くことになったのが平成七年三月二十三日午後。会場は飯田橋にあった日本医科大付属第一病院で、私は身体の痛い人が果たして笑うのか？　と責任を感じながら、好奇心いっぱいで参加した。

落語会は私と前座の林家久蔵で一時間。お客は健康な人のグループ二十七名、十八年以上患っているリウマチの女性患者二十七名。落語を聞く前と聞いた後の血液検査を吉野先生のスタッフが行うということだった。

いろいろな疑問点をクリアすべく、吉野先生と私たちとのリウマチ寄席は計三回行った。二回目が六月五日、三回目は翌年十二月四日、患者をかえて口演した。結果はインターロイキン6という、リウマチに関与する成分の数値が、健康な人は変わらず、リウマチ患者の数値は減少した。たった一時間の落語で思いきり笑って、これまでのどんな薬よりも、一時的にリウマチの痛みをおさえるということが医学的に証明されたと、吉野先生の報告があった。

私にとってうれしいことがもっとある。吉野先生が世界的に権威あるリウマチの専門誌「ジャーナル・オブ・リウマトロジー」に投稿したところ、見事に審査に受かって誌上に発表された。私の名前もその

吉野槙一教授と

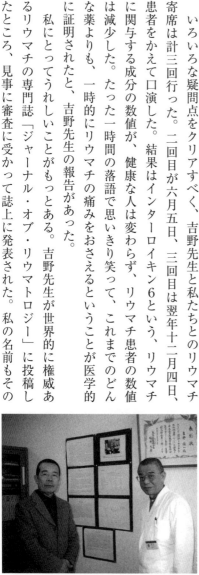

専門誌に載っていて「リウマチの痛みを笑いの芸でおさえた日本人エンタテイメント」と書かれていると知り、やはり良い事には協力するものだとつくづく感じた。吉野先生がおっしゃるには「楽しい笑いには、乱れた神経、内分泌、免疫系の機能を正常に戻す作用がある」という。

私たちのリウマチ寄席が話題になり、平成七年四月一日付、全国紙夕刊に大きくとりあげられ、木久蔵の落語は病にキクゾー、となった次第！

闘病

つくづく私は守られていると思うのは、大きな病気にかかるが、無事生還できて高座に戻ることが叶うという人生。

昭和五十二年、新都心新宿のマンションに引っ越したころ、無理がたたって過労から腸閉塞《へいそく》症で腹がふくれ上がり、東京医科歯科大に救急車で運ばれ即手術、生還率50％と言われたが、九死に一生を得た。病院に見舞いに来てくださった故林家三平師匠が、六人病棟で術後の患者さんたちを大いに笑わせたのには、みんな術後なので困った。

平成十二年五月、内視鏡検査により胃がんが発見され都内の大学病院に入院、外科手術で胃の三分の二を切除、点滴を受けながら後楽園ホールの「笑点」収録に駆けつけた。ところが、また平成二十六年七月、同病院耳鼻咽喉科で内視鏡検査を受けたところ、今度は喉頭がんと告知されてびっくり。まさに頭の後ろから丸太でぶんなぐられたような衝撃をうけた。〝後頭がん！〟

主治医から「通院して放射線治療で完治します」と言われ、七月二十一日病名を公表、スポーツ紙にでかでかと私の記事が載った。あの時思ったな、がんはスポーツなのかしらんと。

翌日から約一ヵ月半、月曜から金曜まで週五日放射線科へ通院。アメリカ製のリニアックという放射線装置は、一台十億円だと聞いて「そんな高い装置でいったい治療費はいくらくらいかかるんだろう」とまっ青になったが、後期高齢者なのでお安く済み、一回分三千円ほどでホッとした。

「笑点」の収録は九週休んだ。この時まで四十五年間「笑点」を一度も休んだことなく皆勤賞だった。中村博行プロデューサーやスタッフの温情で、代役を立てず私の回復復帰を待ってくださり、本当に有難かった。

また私の家族、お弟子さんたちの気遣いで、心地良く療養ができ、これも何と恵まれたことなんだろうと神に感謝！　九月二十一日待望の声が出て、「おはよう」「あら！　今声が出たじゃない！　うれしい」とおかみさんが泣いて喜んでくれた。ファンの皆さまも有難うございました。

喉頭がん治療を終え「笑点」に
復帰した筆者

ダブル襲名

私が息子で二ッ目だった林家きくおに、真打ちになる祝いに林家木久蔵をゆずり、父親の方は芸名をテレビで募集し、林家木久扇におさまった。

「林家木久扇、林家木久蔵、親子ダブル襲名興行」は、平成十九年九月二十一日、上野鈴本演芸場から始まり、都内の定席の寄席をめぐってから、全国八十余ヵ所へと大きく輪をひろげた。すべて大入り満席、キップは完売、動員は十五万人を超え、おかげさまで大成功。

ダブル襲名のアイデア、そして興行全国ツアーのさい配をふるってくださったのが、新木久蔵の心の師であり、林家一門の天才春風亭小朝師匠である。

機をみるに敏な私めは、息子経由で小朝師匠の発案を知り、イタダキ！だと直感した。落語家が芸名を「生前贈与」するのは珍しい、しかも自分の息子にである。大勢の新聞記者から質問された、なぜですか？

「息子が頑張っているのでご褒美に名前をあげよう。もう一つは今、落語ブームでいい波が来てるでしょ。落語界の宣伝部長になったつもりで、大きな波を起こそうと思ったんです」。当時の私の答えだった。

生来、息子は能天気な性格で、インタビューでダブル襲名の感想を聞かれて、

「落語家で有名になりたかったので、木久蔵になれてうれしいです。父の名が汚されないようにこれから頑張っていきます！　応援をヨロシク！」

「木久蔵さん、『父の名が汚されないように』じゃなく『父の名を汚さないように』じゃないの」などと記者会見で突っ込まれ大笑いだった。

私の林家木久扇襲名について「笑点」を通じ半年間かけテレビ公開し視聴率も大いにかせぎ、芸名募集のハガキも

新たな芸名を披露する二代目林家木久蔵と

五万通近くいただいた。

都内定席の口上には三遊亭圓歌師匠、鈴々舎馬風落語協会会長、綾小路きみまろ先生。全国ツアーでは桂文枝上方落語協会会長、笑福亭鶴瓶師匠ら豪華ゲストが林家木久蔵をもり立ててくださった。皆さま、有難うございました。

鯨

戦後、食糧物資が乏しい中、日本人の食生活は鯨肉で支えられていた。私たちの少年時代、学校給食には鯨の竜田揚げ、ベーコン、鯨カツ、鯨肉うどんなどで飢えをしのいだ。私などはそのお陰で、自分の肋骨《ろっこつ》の一本ぐらいは、鯨食のお陰だと思っているくらいだ。

ところがアメリカなど反捕鯨国の運動により、一九七二（昭和四十七）年、ストックホルムで開かれた第一回国連人間環境会議で、商業捕鯨十年間停止が提案されて、これが採択されてしまう。以後は商業捕鯨は禁止、日本は調査捕鯨のみ行っている。反捕鯨国によれば鯨を捕りすぎて絶滅状態にある。可哀そうだ、観察する生き物にしようという訳だ。

鯨食の一大事、日本人の伝統食を守ろう！　というので「鯨の食文化を守る会」ができたのが昭和六十二年一月。現在会長小泉武夫・東京農大名誉教授、副会長・林家木久扇、相談役・水産ジャーナリスト

鯨の缶詰のイラストなどを掲げる筆者と小泉武夫名誉教授。左は梅崎義人氏。

の梅崎義人先生ら大勢の水産仲間が集い、捕鯨再開を目指してがんばっている。梅崎先生は語る。「鯨資源は確実に増え続けている。人間が一年間に食べる魚は一億トンだが、鯨は年間五億トンぐらいの魚を食べる。このまま鯨を捕らなければ、完全に海の環境が変わってしまいます」

捕鯨を守ろうと超党派の議員も立ち上がり、安倍（晋三）総裁を中心とする自民党グループ、捕鯨禁止反対の野党も含め、先月三十一日、東京・憲政記念館において「全国鯨フォーラム２０１６東京」と「捕鯨の伝統と食文化を守る会」が開かれ、多くの自治体の他、沖縄県名護などの名もみられた。名護市はヒートゥと呼ばれる小型鯨のコビレゴンドウを毎年春に捕獲、ゴーヤと炒めたヒートゥ料理が人気という。

乾杯の際に小泉名誉教授は「米国の調査会社によると、資源の豊富な鯨種を食糧資源として利用することに賛成の市民は米、英、仏、豪などの反捕鯨国で、いずれも50％を超えている。胸を張って捕鯨を続けるべき」とあいさつ。日本の捕鯨は孤立していないとのことだった。

剣道

昭和二十八年、高校生だった私は、東京都杉並区天沼にある「大義塾」へ剣道入門した。スポーツの球技が得意でなかった私は、チャンバラ映画『鞍馬天狗』の影響で剣道を選んだ。

私とほぼ同期に入門したのが元総理の橋本龍太郎さんで面をつけると紐の色が赤でお洒落だった。初代塾長、初老の中村藤吉範士は若いころに渡米し、日系二世、三世の青年たち二万人に教えていたという剣道の開拓者。戦後は天沼の広い道場でのけいこでかなり厳しかった。

私や橋龍さんに手ほどきをしてくださったのが、ご長男の中村太郎教士。横須賀警察署に勤務、毎年行われる全日本剣道選手権大会、第三回、第七回に優勝している猛者。時代劇俳優の東千代之介に似て少年剣士たちのあこがれだった。

太郎教士の教えは「先先《せんせん》の先《せん》」。剣道の試合は相手の技の、先の先、もっと先まで読め！　この考え方は、今も私の生活の中にも根付いていて、人生の生き方を慎重にしてます。

若くして中村太郎教士は亡くなられ、その志をつぎ、大義塾を現在の隆盛にまで育てたのが中村富貴子未亡人。九十一歳のおばあちゃまなのだがお元気で、八十名ちかい少年剣士たちや青年部の面倒をみている。現在の故中村藤雄塾長は藤吉範士の次男だった方。後援会会長が石原伸晃先生。

毎年春に「中村太郎杯剣道大会」が行われる。会場の杉並区妙正寺体育館の試合はいつも白熱！夏には山梨県山中湖で四日間、大義塾合宿けい古がある。塾生、父母ら百三十名が参加、塾生にとってはまたとない想い出づくりである。大義塾ＯＢ会会長の私も参加したいと、知らせをいただく度にいつも思う。

日本人の礼儀を教わり、身体と心がきたえられる！　私が剣道をおすすめする次第。

現在運営はご子息の和美先生、ご息女ののり子先生が中心で、中村富貴子さんを支えている。

大義塾の中村富貴子さんと

手塚治虫先生

昭和四十三年、小学館から創刊されたビッグコミック誌は年々すごくなった。手塚治虫「きりひと讃歌」、さいとう・たかを「ゴルゴ13」、石ノ森章太郎「佐武と市捕物控」、篠原とおる「さそり」他、漫画名人会並みの目次。私も軽い紀行ものの原稿を一ページ連載するようになり、手塚治虫先生とのご縁ができた。

翌年、小学館の新年パーティーが東京・麹町のダイヤモンドホテル宴会場で行われ席上、小西湧之助ビッグコミック編集長から紹介されたベレー帽の漫画界の〝巨人〟。

「やァ、手塚です。どうぞよろしく」

しばらくしてまた手塚先生にお会いする。テレビ番組で私がリポーター、最新鋭医療検査機を備えた病院を訪れ、実験体験をし、本物の医学博士である手塚先生が絵やビデオで解説する。

「ハイ、テレビごらんの皆さん、これがコンピューターで断層を撮影するCTスキャナーで木久蔵さんを輪切りにした断面です。こっちが右脳、こちらが左脳。普通、知的判断をゆだねられている左脳が発達していて右脳はあまり使われませんが、勉強家の木久蔵さんは右脳もかなり使っているようです……」

休憩となり控室に戻ると、隣の手塚先生の部屋からカリカリ、コンコンコン、バサリ。何の音だろう? すると「先生いつごろ出来上がるでしょうか……」と声がする。

「そうですね。これからテレビの本番ですから、まァそのあ

手塚治虫さんと（1986年）

と二時間ぐらいですか」

「助かります！　何とかお願いします」

カリカリ、コンコンコン、バサリは画稿のペン入れ、消しゴム、紙をめくる音。先生は休憩時間にも締め切りに追われていたのだ。

その後、私の落語の感想文を送ってくださったり、絵の個展の打ち上げにもお付き合いいただいた。昭和五十九年、私が家を世田谷に建てた時には、鉄腕アトムと「ジャングル大帝」の主人公レオの高座姿の色紙二枚をご自身が「お祝いですよ」と届けてくださった。

ビートたけし

私が初めてビートたけしに会ったのは昭和四十八年春。ストリップ劇場、浅草フランス座にあった浅草演芸ホールに、客を運ぶエレベーターボーイとして働いていた。頭が丸刈りで上目遣いのニヒルな男だった。

私も楽屋入りにエレベーターを使っていたから、あの頃のたけしと話したことがある。「噺家さんて大変ですね。こんなキッタナイ演芸場に、本人が毎日来て落語をやるなんて」。彼の毒舌だった。意表をつかれ私は「そうなんだよ、困ったもんです！」。あわててエレベーターを降りヘンな奴だナと思ったりした。
やがてビートたけし、きよしの漫才が「赤信号みんなで渡ればこわくない」のブラックジョークから売れてきて、ビートたけしがピンでテレビにちょいちょい顔を出す。五十八年五月二十一日放送の「オレたちひょうきん族」に私はゲスト出演。この番組はプロデューサー横澤彪《たけし》氏の手によるもの、昔のフジTVは今より元気で「オレたちひょうきん族」はウラ番組のドリフターズを意識して、ビートたけし、明石家さんま、山田邦子、片岡鶴太郎がガッチリとチームを組み、お化け番組ドリフをおびやかすようになっていた。

私の役は「ザ・タケちゃんマン」コーナーで、高田文夫作「三味線を持った渡り鳥の巻」の中で演じる七つの顔の男タラコ伴内。片岡千恵蔵が演じた多羅《たら》尾《お》伴内《ばんない》のパロディー。ドーンとドアが開く、私、初代木久蔵が千恵蔵のモノマネをしてタラコ伴内にふんし、両手に拳銃を持ち、コツコツと歩いて近づく。一同、ホールドアップ。

そして「ある時はラーメン好きのキザな落語家」。ここでラーメンを食べるシーンを挿入。さらに「また、ある時は杉作を連れた鞍馬天狗」。天狗姿の画像を挿入。つづいて踊り狂いながら「また、ある時は、いやーん、バカーン、ウッフーン。七つの顔の男だぜ！」。顔を回すと、あと六つの顔が付いている！　たけしはじめ一同へたりこむ。

スタッフ一同爆笑で、三回も撮り直した。やがて木久蔵ラーメン、たけしのカレーブームとなるが……。

「オレたちひょうきん族」に
ゲスト出演した頃、ビートたけしと

正蔵の哲学

「金は貯《た》めるな、残せ」

弟子の私には、林家正蔵師匠の言う言葉の意味がわからないから、聞くと

「例えば、米屋、酒屋さんが集金にくる。役所からは税金を納めろと言ってくる。こういう払わなければいけない金は、払いを延ばしたり、まけさせちゃいけない、きちんと払う。そうしたあと手元に残った金は、無駄に使わず貯金しておけという意味だよ」

晩年、八代目林家正蔵は林家彦六に改名。昭和五十七年、八十六歳の大往生だった。

私たち弟子が思い知らされた師匠の金銭哲学がある。つまり死後のすじ書きまで人知れず事を運んでいたのである。

まず白内障の左目と健康な右目をアイバンクから慶応病院に提供。

体のほうは全国的に不足している献体に協力、東京医科歯科大「白菊会」へ。亡くなった夜、病院地下の霊安室で内輪だけの仮通夜、翌日午前中に師匠の亡骸《なきがら》は寝台車とともに去ってしまった。

師匠の献体が報道されて後に、二十年間に五百体しか確保できなかったものが、一年間に三百体の献体登録があった。その感謝状が時の文部大臣から贈られ、一周忌の一月二十九日、東京医科歯科大から返骨式の折、ご遺族の手元へ。

生前より、よく正蔵師匠は言っていた。「いいかい。私が死んでも通夜や葬式は一切やるな。葬式ともなれば金と時間を使って人が動く。無駄なことだ。死んだことは誰にも知らせず、内輪だけ集まって、そっと焼いちまえ」

師匠はご長女に「自分の葬儀の費用はたぶん三百万円ぐらいはかかるだろう。しかし献体というこ

とで一切やらないから、その費用を自分亡きあと弟子たちに分けてやってくれ。みんな暮らしむきが大変なんだから……」

兄弟子をはじめ、一人三十万円ずつ受け取ったと聞いて、もらってない私がさいそくすると、「あんたと正楽さんは売れてるからいいって遺書に書いてあったわょ、オホホ……」とご長女に笑われた。

幻の劇画家

劇画が社会的地位を得ることにこだわり続け、「劇画」の二文字を辞典にも載るようにとがんばったのが、「ゴルゴ13」「鬼平犯科帳」が代表作の劇画作家さいとう・たかを先生。私は仲良くしていただいて数十年になる。

ところで業界で幻の劇画家と呼ばれているのが植木金矢《きんや》先生。私の青春期、昭和三十三年ごろは少年誌が娯楽の中心で、おもしろブックに「まぼろし頭巾」、少年画報に「三日月天狗」、痛快ブックに「風雲鞍馬秘帖」など、植木作品を友だちから借りてむさぼり読んだ。あの頃は「劇画」という表現はなく、「絵物語」と呼ばれていた。小説と挿絵をドッキングしたような小松崎茂、山川惣治作品をはじめ、劇画スタイルの両大御所が植木金矢、岡友彦。続いて福島鉄次、桑田次郎（後に二郎）、小島剛夕《ごうせき》、吉田竜夫作品、と思い浮かぶ。

植木金矢先生と（2014 年）

植木金矢作品が画期的なのは、挿絵のち密な絵にセリフの吹き出しがついていた事。そして熱烈な少年ファンをとらえたのは時代もの。似顔の名手で五社協定で縛られていた映画スターたちを、自在に作品に登場させて夢の競演。「風雲鞍馬秘帖」に嵐寛寿郎、長谷川一夫、鶴田浩二、阪東妻三郎。「三日月天狗」に市川右太衛門、嵐寛寿郎、中村錦之助と次々、登場するのだからたまらなかった。

私の手元にあるお宝は、昭和三十二年、少年画報十一月号ふろく「三日月天狗」（植木金矢）で、いつも読み直しているので赤茶けてボロボロ。おまけに懐かしくてほおずりもしているし……。

新潟発「血矢夢馬羅（チャンバラ）新聞」が休刊になり、時代劇映画ファンのつながりが薄くなってしまったが、熊野幸伸さん、伊藤祥司さん、高橋かおるさんら私たちの「杉作会」が開かれています。

「納得のゆく絵が一点でも描けたらいい。希望や目的を失ったら、本当の老人になってしまう」

故植木金矢先生の言葉です。

長い間読んでくださって有難うございました！　みなさまお元気で。

おわり

あとがき

おしまいまでページをめくっていただき、有難うございました。

私のチャンバラ大好き人生はまだまだ続いておりますし、コロナ中の休みは、韓流の歴史もの、中国の時代劇映画まで、アマゾンクラブの会員になって、ワクを広げて、それこそワクワクしております。

時代劇は外国ものでも、美剣士が出てきて剣をふるい、あでやかな姫の危機を救い、大敵に立ちむかう勇姿が描かれていて、たまりません。

邦画の時代劇は、今ではNHKテレビの大河ドラマぐらいでしょうか、あまり製作されないので古いものをよく観ています。

先日は珍しく古き邦画の時代劇『影狩り』を観ました。石原裕次郎、内田良平、成田三樹夫の三人が、幕府の放つお家取潰しの隠密と対決するというストーリーで、十兵衛、日光、月光、の手だれがはげしく戦うシーンでは、立回りで太って動きがにぶい裕次郎や、サマになっている内田良平よりも、一番だったのが成田三樹夫の剣戟、冷静に影の動きをよみ、瞬間に動いて斬りすてる素早さ！　これこそチャンバラ！　なのだ。

観ている私も成田三樹夫になってしまい、もう夢中！

私は時代劇を追いかけて、二〇一八年大みそかのNHK紅白歌合戦で山内恵介が「さらせ冬の嵐」を歌う中、八人の若武者が刀を抜いて踊っていたのを観て、テレビ欄で「刀剣男子スペシャル」とつきとめて、刀剣乱舞という若いチームを知り、その映画や舞台も観に行ったが、いずれも若い女の子でいっぱいだった。

当時孫がマンガ「キングダム」を全巻揃えて、面白い、オモシロイ！と喜んでいるので、渋谷の映画館に連れてゆき、ソニー・ピクチャーズ映画『キングダム』を観た。いやあこの映画の主役山崎賢人という若さあふれる立回りがスバラシイ！そして中国ロケの成果が、情景の珍しさが抜群！

宝塚の月組公演「夢現無双」（宮本武蔵）もうちのママと観た！

トップスター・珠城りょうの武蔵は、女性のやる剣戟など感じさせない荒々しい殺陣！ダンスで鍛えているので立回りのテンポと間が素晴らしい。

映画では松竹映画『居眠り磐音』の松坂桃李が良かった。今まで観てきた時代劇俳優の系列にない斬新さ、柔らかく春風のようなチャンバラスターだ。

私の自慢は年を重ねても軽くて、行動力があるから、チャンバラのウワサを聞けば、血が湧き、肉踊り、すぐにそこへ駆けつけて、すごすその時が大切な私の人生の幸せの時間なのです！

皆さん、時代劇を観ましょう！

活躍している役者さんをホメましょう。

チャンバラよ永遠なれ！

おしまいに深く応援してくださったワイズ出版岡田博氏、田中ひろこ氏に心よりお礼申し上げます。

有難うございました。

令和二年七月

林家木久扇

角川シネマコレクション

・座頭市物語【大映 THE BEST】　一九八〇円（税込）
・座頭市の歌が聞こえる【大映 THE BEST】　一九八〇円（税込）
・眠狂四郎殺法帖【大映 THE BEST】　一九八〇円（税込）
・眠狂四郎円月斬り【大映 THE BEST】　一九八〇円（税込）
・眠狂四郎円月殺法　二七五〇円（税込）
・眠狂四郎卍斬り　二七五〇円（税込）

発売元・販売元
株式会社 KADOKAWA
http://www.kadokawa-pictures.jp/

商品の詳細
角川シネマコレクション
http://cinemakadokawa.jp/

著者略歴

林家木久扇（はやしや　きくおう）

1937（昭和12）年、東京日本橋生まれ。落語家、漫画家。56年、都立中野工業高等学校卒業後、漫画家・清水崑へ弟子入り。60年、三代目桂三木助に入門。翌年、三木助没後に八代目林家正蔵門下へ移り、芸名林家木久蔵となる。69年、日本テレビ「笑点」のレギュラーメンバーとなる。82年、横山やすしらと「全国ラーメン党」を結成。92年、落語協会理事に就任。2007年、林家木久扇・二代目木久蔵の親子ダブル襲名を行う。10年、落語協会理事を退き、相談役に就任。20年、芸能生活60周年を迎える。著書に「キクゾーのチャンバラ大全」、「木久扇のチャンバラスターうんちく塾」、「バカの天才まくら集」、「イライラしたら豆を書いなさい　人生のトリセツ88のことば」など。「笑点」最年長の〝天然キャラ〟として、国民的に親しまれている。

木久扇のチャンバラ大好き人生

発行日　2020年9月16日　第1刷

著　者　林家木久扇（題字、イラストレーションも）

発行者　岡田博
造　本　田中ひろこ
協　力　株式会社KADOKAWA
国際放映株式会社
有限会社トヨタアート（豊田佐久子、宮内陽子）
石割平　横山俊雄　鈴村たけし　阿部陽子
写真©　大映映画作品は全て株式会社 KADOKAWA
新東宝作品は全て国際放株式会社
発行所　ワイズ出版
東京都新宿区西新宿7-7-23-7F
電話　03-3369-9218　ファックス　03-3369-1436

印刷・製本　中央精版印刷株式会社

ISBN 978-4-89830-335-1 Printed in Japan.